源于脑科学科研成果

传说中0岁开始的『育儿圣经』

婴儿教育

从孩子出生的那一刻开始

〔日〕久保田竞 〔日〕久保田佳代子 著
刘伟 译

北京联合出版公司
Beijing United Publishing Co.,Ltd.

图书在版编目（C I P）数据

婴儿教育：从孩子出生的那一刻开始 /（日）久保田竞，（日）久保田佳代子著；刘伟译. -- 北京：北京联合出版公司，2018.1
（启发精选家庭教育系列）
ISBN 978-7-5596-1698-2

Ⅰ. ①婴… Ⅱ. ①久… ②久… ③刘… Ⅲ. ①幼儿教育－家庭教育 Ⅳ. ①G781

中国版本图书馆CIP数据核字(2018)第025433号

著作权合同登记　图字：01-2018-0733号

婴儿教育——从孩子出生的那一刻开始
（启发精选家庭教育系列）
著：久保田竞　久保田佳代子
翻　　译：刘　伟
选题策划：北京启发世纪图书有限责任公司
　　　　　台湾麦克股份有限公司
责任编辑：牛炜征
特约编辑：郭　漫　周凤霞　乔　宇
特约美编：刘邵玲

北京联合出版公司出版
（北京市西城区德外大街83号德胜国际9层　100088）
北京盛通印刷股份有限公司印刷　新华书店经销
字数：125千字　787毫米×1092毫米　1/32　印张9.25
2018年1月第1版　2018年1月第1次印刷
ISBN 978-7-5596-1698-2
定价：29.80元

前言

向您推荐父母和宝宝都满意的
新式育儿“婴儿教育”

本书以 0~1 岁宝宝为教育对象，基于脑科学研究前沿专家的知识和实际的育儿经验所撰写，是一本富有独特个性的育儿书。

本书主要针对快速成长发育的婴儿大脑发育的不同时期，讨论、建议应该给予他们什么、应该让他们做些什么。

在大约 20 年间，3000 余名婴儿从 0 岁开始接受“久保田式”训练。训练有效地促进了他们大脑的活跃度。灵活运用“久保田式”育儿法，可以养育出善于学习、内心强大的宝宝。

本书于 1983 年 7 月出版（之后绝版）后即荣登畅销书榜。在日本国会图书馆，由于被借阅的次数太多，导致书本七零八落，甚至无法再继续借阅。在亚马逊网络书店的旧书售卖区，单册售价甚至一度高达 1 万多日元。

2009 年，在电视节目“中居正广之 致星期五的妻子们”（也称“周五的笑颜”，日本东京广播公司出品）和“生活态度之镜”（富士电视台出品）中，多次提及**“脑科学奶奶”**久保田佳代子。其基础和原点即是本书《婴儿教育》。

本书不仅得到了著名育儿书《到幼儿园就太晚了》的作者——索

尼创业者深井大先生（1908—1997）的高度评价，还获得了医生、保育园和幼儿园相关人士、育儿专家等各界的高度评价。

令人深感意外和惊喜的是，作为面向一般家庭主妇的作品，本书不仅得到了父母们的信赖，还受到了该领域专业人士的支持。

在广大读者中，或许有人会持有这样的疑问：“这是三十多年前的书，对于当下的育儿还有用吗？”

但是，重读一遍就会发现，我们一直以来提倡的日本传统育儿法的观念和有效性丝毫未发生动摇。不仅如此，其重要性甚至日渐凸显出来。在育儿过程中，请务必严格遵循本书中的方法对婴儿进行教育。

此次刊行，进行了大篇幅的修改订正，**更新了脑科学研究的数据**。我们对本书充满自信，并且强烈希望把这些方法传递给全日本众多的为育儿而烦恼的父母。

刚出生的婴儿，实际上“无依无靠”，他们无法依靠自身生存下去，需要家庭，尤其是母亲的保护。监护人必须给予他们成长所必需的食物，为他们处理大小便，保护他们的生命，使他们远离外界的危险。只要满足必要的营养，婴儿的身体就会逐渐成长，大脑也随之发育。

在这一时期，对婴儿的眼、耳、皮肤等感觉器官给予刺激，让其主动使用肌肉，婴儿大脑中神经细胞所连接的神经回路就可以形成了。

因在成长的不同时期给予婴儿的刺激不同，其脑内神经回路的形成方式会出现差别，反应也会随之出现不同。

本书把作为婴儿守护者的母亲定位为**无限激发婴儿能力的教育者**，基于这一理念，对母亲应该如何进行**“婴儿教育”**做了详细具体的说明，并配置了大量插图。

另外，本书把婴儿的成长发育分为**五个阶段**，各阶段都有总述性的“解说篇”，并在随后的“实践篇”中说明了具体的育儿方法。

笔者在育儿过程中接触到了日本全国很多苦恼的母亲，她们的经历以及我们自身的经验和学术研究成果组成了本书的内容。

笔者养育了两个孩子。每当看到邻居和朋友的育儿现状，都会悲叹：又是徒劳无益的育儿啊，怎么能对不让孩子用脑这件事这么满不在乎呢。

实际上，我们无法具体回答运用本书所推荐的方法究竟可以开发出大脑百分之多少的潜力，但是，只要母亲足够努力，这一比值就可

能接近100%，即使没那么理想，也会达到70%左右。

在育儿过程中开发了婴儿大脑潜力70%的人，还不到总人口的0.5%。

这一数据并非缜密调研的结果，而是我们通过观察所接触到的人的育儿过程估算出来的。

通常，我们会使用“头脑聪明”“头脑不聪明”等较为随便的说法评价婴儿的智力，这是因为还没有判定好或不好的更科学的方法。智力检查是通过语言交流，进行提问—回答来实现的，所以无法用于0岁的婴儿。

另外，智力检查也多种多样，既有考察创造力的，也有考察读写能力的。同时，智力检查可以检测大脑功能的一个侧面，但是智力商数（即智力检查所测定的成绩，同一年龄段一般人的平均智力商数为100）高并不代表头脑聪明，只代表智力检查的结果高于该年龄段一般人的平均值。

所谓的头脑聪明，就是可以做下面的事。

思考我们每天生活中面临的各种问题是什么，**能够认清其本质，思考解决问题的各种办法，从中选择一个去有效地解决。**

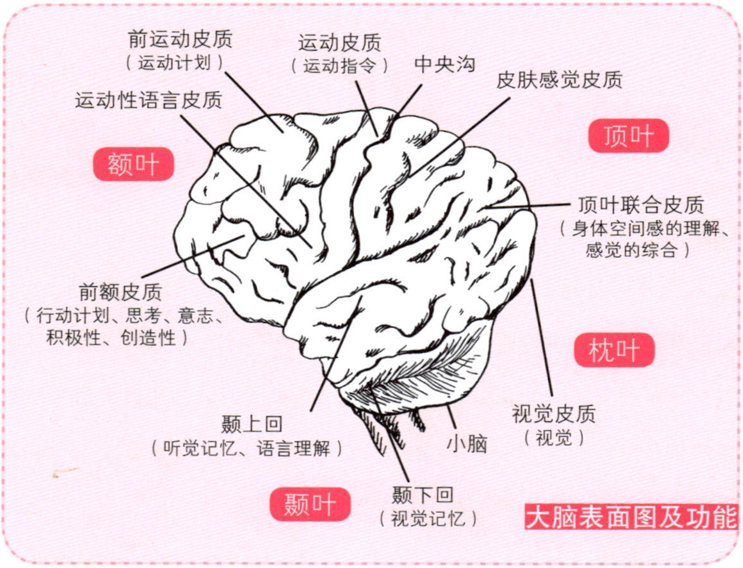

大脑表面图及功能

可以正确、有效地解决问题的人是“头脑聪明”的人，反之则是“头脑不聪明”的人。

解决问题的能力即是智力能力，这一能力主要是大脑皮质前额叶的**前额皮质**的功能，前额皮质就位于额头后面。

婴儿学会走路后，其前额皮质才开始发挥功能，可以解决简单的问题，并开始领会新的解决方法。

本书作者坚信，那些建立了在本书中具体讲解的行为习惯的孩子们，长大后学习成绩也会很好。

应用本书介绍的方法进行育儿，**婴儿可以较早地从“无依无靠的状态”过渡到“独立自主的状态”，从而成长为智、情、意等各方面都“强壮”的人。**

请从婴儿出生那天起，就竭尽所能培养他的能力吧。

育儿的目标是培养出这样的孩子：给予刺激诱发反射，接着引导其对刺激产生反应（运动、行动），自己思考问题，找到解决办法，积极付诸行动。我们相信，运用本书所推荐的方法养育的宝宝，一定能够成长为在上述各方面都更出色的人。

育儿如同拉锯战，就像回波一样，是刺激和反应的重复。

给婴儿以刺激，他就会产生反应，这种反应又是对保护者（即母亲）的刺激，教育者（即母亲）也会对婴儿的刺激产生反应。

0岁婴儿大脑的发育，与其他任何成长发育阶段相比都更加迅速。婴儿出生后一年以内，如果不对其大脑施以刺激让其反应，从而产生神经回路的话，就会影响之后的大脑发育。

本书所推荐的育儿方法，已实现了规模化应用。

在主妇之友出版社的婴儿杂志《我的宝宝》（已停刊）总编相场静子的努力下，1991 年开始，这一育儿方法被应用于婴儿脑力开发教育，实现了对孩子的规模化训练，1994 年前后，开始面向大众推广婴儿脑力开发教育的经验，这就是“久保田方式”。城南进学研究社的“久保田脑研”和主妇之友出版社的“小岛家园”都在进行久保田方式的育脑教育。

脑科学的研究数据已经证明，接受久保田方式育脑教育至少一年，并且之后持续进行促进前额皮质发育的教育，可收到以下效果：**①小学阶段学习成绩（算术、语文等）优秀；②进入著名大学的可能性增高，并且，在社会生活中，也呈现出从事高收入职业的倾向，并大多能维系良好的婚姻关系。**

请养成一颗不盲目模仿他人、喜爱新生事物和真实、对于听到的事不盲目全盘接收的“内心”吧。

《婴儿教育》开启了创造富有个性的新人类的时代。

请一定用心养育婴儿，让他们在未来纷乱的社会中能够顽强生活吧。

最后，深深感谢强烈要求出版本书的钻石出版社寺田庸二先生、

正文的设计者布施育哉先生、营业部出口直子女士和船津展子女士，以及为本书奉献了完美插画的冈部里香女士、负责装帧的重原隆先生、摄影师堀内慎祐先生。

2015 年 6 月 在 83 岁生日来临之际

京都大学名誉教授、医学博士　　久保田竞

脑科学奶奶　　久保田佳代子

※ 本书于 1983 年 7 月作为新书由里昂出版社发行（二见书房发售）。在此基础上经大幅度修改订正，修改插画，再度出版。

目录

实践篇

第三阶段 腰部稳定期

——约三个半月至五个半月——

训练婴儿坐着使用双手

解说篇

实践篇

第四阶段 抓扶站立期 ——约五个半月至八个月—— 让宝宝早日学会爬行

解说篇

实践篇

第五阶段 双足行走期

——开始走路以后——

会走路后，智力开始真正发育

解说篇

实践篇

序

让宝宝形成
可以在未来纷乱世界生存的“坚强人格”

① 育儿是最富魅力的创造性工作

最近，很多单身女性持有“不需要孩子”“掌握一些工作技能，成为职业女性”等想法，比起育儿来，她们更加重视其他工作。同时，已婚女性中有人苦恼于“疲于应付育儿，没有自己的时间”。笔者甚至听说有人遭遇了“育儿神经衰弱”等极端情况。

与以往相比，现代女性与男性有同等的受教育机会，所以出现这种倾向也是无可奈何的事情。

现代社会中，与男性比肩、从事光鲜亮丽职业的女性数量逐渐增加。很多女性也做到了经济独立。在这个时代，所谓“受困于家庭，专心养育孩子”也有可能给人造成仅自己遭受损失的错觉。

但是，那样的人是否过于轻视“育儿”这件事了？

笔者认为，**育儿这项“工作”，比现代女性所从事的任何工作都更富魅力、更具创造性。**

事实上，本书的执笔动机也正在于此。

很少有工作是仅限于男性的，但是**“生育、哺乳、养育”**则是男性无法从事、只有女性可以从事的工

作。世上的男性无论想什么办法、怎样模仿，都做不到“生孩子，喂母乳”，这是**只有女性才可以从事的工作**。

刚出生的婴儿，无法独立生存，此时的他们处于需要被保护和被教育的“白纸状态”。如何养育这样的婴儿，是母亲的自由。

妈妈要制订育儿计划，每天朝向目标努力。当然，其中既有快乐，也有烦恼。但是，对于婴儿来说，**妈妈既是教育者，又是保护者，还是领导者**。

没有哪种工作可以像育儿一样完全“随心所欲”，并且，工作结果的好坏每天都可以通过自己的眼睛亲自确认。同时，我们也知道，在育儿过程中，即使是不懂事的孩子，也会根据母亲的努力程度，逐渐变得适应。

像这样极富“生存价值的工作”，在男性所从事的工作中恐怕没有吧。

但是，很多女性却忘记了这一点。

② 教育始于孩子出生的那一刻

但是，虽说是妈妈“按自己的想法进行教育”，但如果教育方法错误，也不能正确地养育宝宝。

本书中所主张的**育儿基本原则，就是“大脑和身体的发育都有一定的顺序和规则，在育儿过程中需遵循这一顺序和规则”**。

立足于这一原则，本书的目标就在于**“从孩子出生之日就开始人格塑造”**。一般认为，幼儿教育“从三岁开始就太晚了”。因为，三岁以前的养育方法会对之后的教育顺利与否产生影响，如果从三岁才开始进行教育的话，之后孩子智力的发展将会大幅落后。

换言之，呱呱坠地的婴儿，**从来到世上到开始独立行走期间，是决定宝宝今后人生的重要时期**。

这样一说，可能很多人会持有疑问：还不会走路的婴儿，要怎样教育才好呢？也许还有人会认为：小婴儿只会哭，又听不懂大人的话，没办法进行有效的交流。

实际上，并非如此。婴儿的大脑，**从出生之日起约一年**

时间里，每天都在迅猛发育。当然，这一前提是，施以持续教育。

对婴儿的教育从出生之日即开始，一天也不能停止。

③ 出生后第一年的大脑发育令人吃惊

接下来的内容专业性较强。

我们的身体是由细胞构成的。细胞分裂，数量增加，身体长大。婴儿出生时，大脑的神经细胞数量已达到约 140 亿个。一般认为，无论日后身体如何成长，这一数量都不会再增加。当然，随着身体的成长，大脑也会变大，但这并不是大脑神经细胞的数量增加，而是“神经细胞的突起”增长增大，与其他神经细胞相连接起来导致的。

随着婴儿不断地活动身体、学习新鲜事物，大脑中“神经细胞的突起”之间互相连接（这一连接称为**“突触”**），形成神经回路并发挥作用。如果不让婴儿学习新鲜事物，就无法形成连接。也就是说，**无论大脑变得多大，如果不形成神经回路，就不会发挥作用**。

例如，给婴儿喝足够的牛奶，把他养育成“健康的好孩子”，这种婴儿的确身体和大脑都大大成长了，但是，如果没有形成大量的神经回路，未能让他大脑的功能发育的话，笔者认为这个婴儿就是**“不健康的孩子”**。

本书根据婴儿大脑的发育阶段，力求配合该时期的**大脑训练、体力训练**等，使婴儿的大脑尽量多地形成神经回

神经元和突触图

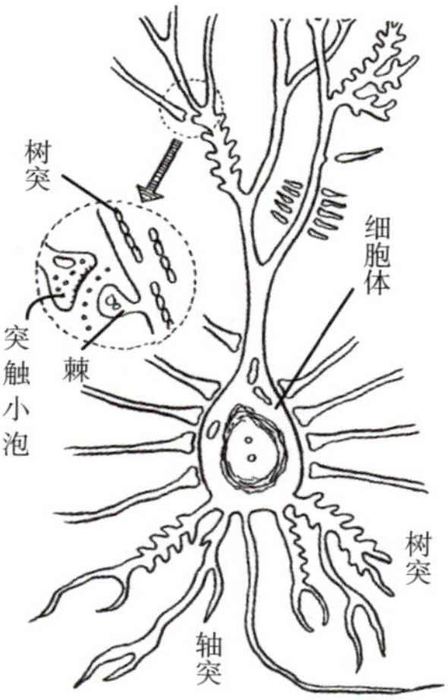

路的连接。

婴儿出生时，神经细胞间联络网（神经回路网）的形成非常迅速，是一生中发育最快的时期。不过，前提是**让神经细胞充分发挥作用**。

在胎儿时期所产生的神经细胞还未形成突触。这些神经细胞不断活动使突触增加，不久，就会进入突触形成的顶峰时期。

突触从形成达到顶峰所需的时间，在大脑不同的位置存在差异。

研究表明，在婴儿**出生后第 8 个月**左右，对眼睛的光亮刺激所产生的大脑第一次视觉皮质中的突触数量达到最大值（统计大脑中特定场所的神经细胞数，计算一定区域内突触密度，哈滕·罗克尔，1990）。

关于突触形成顶峰时期的研究，目前仅有对人类大脑的第一次视觉皮质的报告，在其他领域尚无研究成果。不过，大量关于罗猴大脑的研究结果表明，出生后 3 个月时，大脑的所有区域均已形成突触（帕斯科·拉吉克等，1986）。

在突触数量达于顶峰的时期，也有部分神经细胞突触较少，这种神经细胞会死亡。同时，生存下来的神经细胞会在光的刺激下发挥功能。

婴儿时期，活动的神经细胞开始形成突触，并进入达到顶峰的时期。到这一时期为止仍不工作的神经细胞，就会因为突触数目少而死亡（这被称为“细胞凋亡”）。死亡细胞增多，将导致之后的大脑发育不佳。因此，在这一时期，必须对眼、耳、皮肤以及手脚等的肌肉给予刺激，强化婴儿的神经细胞间的联系，促使其大脑正确发育。

本书所推荐的即是**“强化大脑的育儿方法”**。

这样说来，也许“从孩子出生时就要开始对他进行教育了吗”等声音，难免令人感到困难重重、难以忍受，还会有人误解为从宝宝出生之日起，自己就必须变身为“教育妈妈”，这实在令人困惑。其实，**“享受育儿过程”并不是什么麻烦的事情**。

从宝宝出生之日起就开始实施育儿计划的话，**宝宝3岁以后就会迅速成长，妈妈也会变得非常轻松**。

④ “三岁看老”的真正含义

人类的婴儿，是不折不扣的“无依无靠的生物”。

刚刚来到世上的婴儿，虽然有来自父母的遗传，但是并不能依靠自己的力量生存下去。他们不能像狮子、马等其他动物那样，一出生就会走路、奔跑等。但是，任何宝宝都会呼吸，会**“哭泣”**和**“吮吸”**，而且这些功能在不同个体之间差异不大。

但是，在育儿过程中，通过由外界给予他们各种刺激，让其掌握各种动作，其结果就是，在大约 6 个月大时，他们的大脑功能就会呈现出较大的个体差异。也就是说，**宝宝将来的大脑功能强大或弱小取决于他们被养育的方法**，因为大脑的功能如何，是由外界环境给予的刺激决定的。这样一来，身体成长和大脑功能的发育就会产生差异，性格、思考方法、智力也会不同。

古语道：“三岁看老。”古人认为，人类大脑的功能基本上三岁左右就已形成，以后不会再发生大的变化。

事实也的确如此。

但是，这并不意味着，在孩子已经到了两三岁，可以

说话、与人交流并且大脑的功能基本定型的时候再开始教育就可以了。如前所述，若要在孩子两三岁时获得充分的教育效果，那么在此之前，即孩子开始学走路之前就必须开始进行教育。

这一时期的婴儿反应还受到限制，只需给予单纯刺激。不过，虽说不必太过辛苦地去做，但是偷懒的话，必然不会收到好效果。请妈妈们在育儿过程中保持自信。

⑤ 丈夫是大脑生理学者，妻子的“积极育儿法”20 年后终获丈夫认可

从前，妈妈如果在育儿方面有什么问题或不足之处，可以求助于婆婆等身边的年长女性，但是，如今小家庭日渐增多，妈妈们难以获得周围亲友的帮助，只好依赖育儿书籍了。为了解决这些妈妈的问题，减缓她们的担心和不安，市面上出现了各种各样的育儿书。

现在，随着科学的进步，不断涌现出新的育儿理论。妈妈在育儿过程中的确需要掌握这些新知识，但这种情况也导致了妈妈们的无所适从。例如，育儿书籍既有医生写的，也有心理学家、育儿专家写的……林林总总。医生所写的书中大多涉及疾病、健康等问题，心理学家所写的书中则大多涉及心理发育方面的问题。

但是，**涵盖婴儿的“精神”和“身体”两方面发育问题的书籍基本没有**。同时，有些书是“妈妈的育儿体验记”，但是欠缺本书所尝试的理论与实践相结合的成果，即基于大脑生理学者久保田竞的理论，由妻子久保田佳代子实施的各种育儿实践的总结。而未经历过育儿的专家言论虽然可以作为一般性理论进行参考，但由于他们无法对自己的

育儿理论提出有价值的实践建议，而令人在实际应用的过程中束手无策。

加之，目前尚无关于从出生至三岁左右婴儿大脑发育的研究。所以，目前的大多数育儿类书籍只不过是专家通过自身的职业接触到婴儿，从中获得的体验之谈而已。

正因为如此，不同的育儿类书籍所推荐的方法各不相同，而孩子两三岁时所接受的育儿方法可以大大改变大脑功能这一事实，直到 1983 年才逐渐为人所知。

1983 年前后，久保田佳代子在养育孩子过程中所运用的“积极育儿法”，才终于在丈夫的专业研究中被科学验证为有效的好方法。丈夫的研究成果，机缘巧合地为妻子在孩子出生后逐渐摸索出的这一育儿方法提供了科学证据。

本书的执笔动机，就源自这一偶然且幸运的科学和实践的交汇。

⑥ 在未来时代生存所需的四种能力

“把宝宝培育成什么样的人”是一个大问题。

不仅仅是育儿，任何工作都必须首先明确目标。育儿的目标就是**决定把自己的宝宝培养成什么样的人**。

母亲对于育儿都有各自的目标，怀有不同的梦想和期待。比如，培养“不给别人添麻烦的孩子”“正直坦率的孩子”“职业棒球选手”“上一流大学，成为伟大的人”“心地善良的孩子”等等。

同时，随着婴儿的自身不断成长，可能如妈妈所愿，也可能朝截然不同的方向发展。

本书的目标是培养**“在今后的纷乱世界可以生存的人”**。

将来，日本会变成什么样的国家呢？国际和平会持久下去吗？日本的宪法会维持现状吗？军备扩张情况又会如何？经济形势会发生什么变化？现今的不确定因素、未来的不可预测性超越了过去的任何时候。

但是，笔者认为，无论世界如何变化，下述事情是不会发生变化的。

第一，在信息化社会，电视的新闻、他人所做的事、书中所写的事、外国发生的事等，各种信息都对我们的生活产生重要影响，所以，汲取什么信息、排除什么信息，就成了每个人自身的责任。因此，我们必须具有**出色的信息处理能力**。

第二，简单重复的工作已经由机器人所取代，知识密集型产业越来越发达，使用计算机进行系统性工作成为趋势。因此，必须具有**较高的智力水平**。

第三，资源匮乏的日本在国际环境中无法孤立生存，需要与越来越多的国家进行贸易。日本可以输出的是材料加工的产品、知识和经验含量高的产品。也就是说，必须**输出经过高度智力加工的商品和文化**。反之，需要从外国输入食品、石油等生活必需品。

第四，日本 65 岁以上人口正在以任何国家都未经历过的高速度增长，总人口中约 20% 都在 65 岁以上，日本已经步入了老龄化社会。

在这样的日本生存，至少应该具备怎样的能力呢？

首先，作为个人，头脑和身体都必须健康。长大后在成人社会中生存时，必须成为**“富有个性、能够坚强生存，同时又能跟他人和谐相处、智慧超群、可以进行独创性工作的人”**。

本书正是把这些作为育儿的目标。

7 拥有“在东京大学尽情运动也能以优异成绩毕业”的智力和体力

本书想培养的是，不必特意进行备考复习也能升入理想的大学，在大学中即使热衷运动，也能保证以优异的成绩毕业的人。

比如**“在东京大学的运动场或体育馆尽情运动，也能够以优异的成绩毕业”**的人。

这很容易被误解成为东京大学唱赞歌，也会有人批评：这要让所谓的“教育妈妈”们空欢喜了。

需要指出的是，本书的目标并非培养东京大学毕业生，而是以此为方向做努力，**养育具有考上东京大学能力的孩子**。

笔者的次子如自己所愿考入了东京大学，长子高中毕业后就考取了一级建筑师。但是，在笔者看来，先步入社会的长子更为优秀，但是他本人既然决定了不上大学，我就会尊重他的意愿。

二人之所以智力和体力超群，父母是学者或父母健康等遗传因素的作用微乎其微，笔者确信，**99% 都在于教育的成果**。

这些姑且不论，**本书的目标在于培养健康的宝宝，即根据他们的年龄，明确其自身个性，培养其在行动中富有责任感，学习成绩处于较好层次，体育成绩也较好，在游戏中可以成为朋友的领导者。**

或者可以说是培养群体中的精英吧。不过，此处所说的“精英”，并不是作为团体中的领导者，而是**在团体中可以提供意见，并有领导能力的人。**

⑧ 具有“前瞻性”的积极育儿方法

基于上述原因，较之一般的育儿书，本书中所倡导的是更加积极的育儿方法。

例如，在一般育儿书中往往有“出生后几个月体重多少，可以做哪些事情”等内容，这是未进行特别训练的情况下的标准，所以本书未将这些作为育儿的参考目标。

本书力求最大限度地开发婴儿的可能性，尽早开发其大脑功能。

换言之，就是从外界给予婴儿各种刺激，诱导其产生各种反应，在此基础之上，根据身体的成长和神经系统的发育状况，**在恰当时期给予适量且更为适合的刺激**。

因此，运用这一育儿方法时，必须持续观察婴儿身体功能和大脑的发育情况。由于无法直观地观察大脑的发育情况，所以需要根据婴儿的反应模式进行推断。

为此，需要**“预想”**接下来哪种功能发育，应给予哪种刺激，婴儿会产生何种反应，会发生什么变化；不给予刺激又会怎样等。如果不提前充分预测，这种育儿方法就无法实施。

也就是说，本书中所推荐的育儿方法，是**迄今为止的任**

何育儿方法都未曾推荐过的“前瞻性”育儿方法，即积极育儿方法。对于妈妈来说，是**“思考育儿”**。

运用本书所推荐的育儿方法，只要宝宝有稳定的进步，不管他的体重、身高与标准相比处于何种位置，都不用过于在意。当然，作为参考，妈妈可以了解一下自己宝宝的身高、体重在同龄人中处于怎样的位置。儿科医生和保健师等人可能会给你关于宝宝体重、身高等的建议，你可能会被建议“要让宝宝多喝点牛奶，以增加体重”，或者被提示“吃得有点多了哦”等。此时就要询问清楚给予该种解答的原因，直到自己能够接受。如果他们的解答你无法接受，你就可以不去理会。

因为身高大多是由遗传所决定的，外界因素的影响少之又少，所以只要给予必要的营养就可以了。如果给予的营养太多就会造成宝宝肥胖，营养不足则会使宝宝消瘦、大脑无法正常工作，从而导致大脑发育无法达到预期目标。因此，要注意不能让孩子太瘦或太胖。

本书所推荐的育儿方法无法顺利实施时，请考虑宝宝是否营养不足。如果给予足够、均衡的蛋白质、糖、矿物质和维生素等，大脑就会正常工作、正常发育。

如上所述，本书是针对较小的婴儿和较大的婴儿各自的特征，以实现他们的大脑发育为目标的。因此，如果被别人说宝宝有些瘦就开始担心的话，作为育儿的责任者就失职了，不用太在意别人的意见。

9 育儿书的使用方法和“强脑育儿术”

如前所述，市面上有很多育儿类的书。

在宝宝生病时，如果不懂关于疾病的知识，就会不知如何是好，于是有些妈妈就想去参考育儿类书。但笔者认为，生病时最好的办法是去请教儿科医生，因为儿科医生接受过专业教育，是最可信赖的。

本书所推荐的育儿方法中，妈妈从较早阶段开始对婴儿说话这一点，似乎与美国式的育儿方法相同，但是本书并不是采用了美国人的方法，而是在明确语言对大脑施加的影响的前提下，推荐使用此方法，是**将传统的日本式育儿方法更加高效化了**。

同时，本书非常重视亲子间的肌肤接触，这是因为对皮肤的刺激是健全的身心发育不可或缺的，是其他任何东西都无法取代的。另外，本书所推荐的育儿方法还包含各种技巧——那些需要妈妈认真学习，给予婴儿刺激的方法。

从这一意义上讲，本书的具体育儿方法可以称为**“育儿术”**。强化大脑的育儿术，即**“强脑育儿术”**。

⑩ 学会走路前的五个发育阶段

婴儿从出生到学会走路的时间因人而异，大致在八个月到一岁三个月之间。个体间的差异由天生的遗传性因素和出生后的训练相互作用所决定。

本书尝试把这一期间划分为**身体和大脑发育的五个阶段**。

当然，婴儿的成长发育是具有连续性的，并非可以简单按照阶段进行划分。本书中之所以这么划分是为了更为清楚地说明问题。

第一阶段，**从出生至一个半月左右**，是仅对刺激产生反应的**“反射期”**，尚未形成所谓的“心”，而是“脆弱的机械时期”。给婴儿以刺激，婴儿就会以自然的**“反射”**来回应。刺激既有来自身体外部的，也有发生于身体内部的。

第二阶段，**从一个半月至三个半月左右**，是刺激和反射相组合，学会对刺激产生反应的“刺激反应期”。在这个时期，婴儿除了能产生由刺激引起的反射，还增加了主动的反应，主动的反应比“反射”更加复杂。另外，婴儿出生时的反射会渐渐变弱，婴儿从反射中得以解脱。

这一时期，也称为**“颈部稳定期”**，婴儿可以一定程度上挺起脖子，也可以较好地分辨昼夜规律。所谓的“生物钟”也开始在体内很好地发挥作用。婴儿开始对外界产生好奇心，开始形成所谓“心”的时期。

第三阶段，**从三个半月至五个半月左右**，为**“腰部稳定期”**，是面对外界发现自我的“探索期”。

第四阶段，为**五个半月至八个半月左右**，即**“抓扶站立期”**，是开始认生并确立自我的“自我发生期”。

第五阶段，为**“双足行走期”**，是婴儿自己发现新的行为方式、自己解决问题的能力开始萌芽的“智能发育期”。

儿童心理学家让·皮亚杰将这五个阶段统称为**“智力发展的感知运动阶段”**。

在这一时期的育儿过程中必须**注意两点：“让婴儿感到自己被宠爱”和“让婴儿对身边的东西感兴趣”**。

在此期间，宝宝会从“刺激—反射”这一简单模式开始，发展到“刺激—反应”，即开始对复杂的事物进行反应。同时，婴儿开始掌握新的技能，大脑的神经回路也越发复杂。

婴儿逐渐掌握新的本领正像**从地面开始一层一层建高楼那样**，越高就越复杂、越高级。因此，如果不从第一层开始打好基础的话，建筑物就有可能倒塌。

第一阶段

反射期

——从出生至约一个半月——

让宝宝尽快挺起脖子

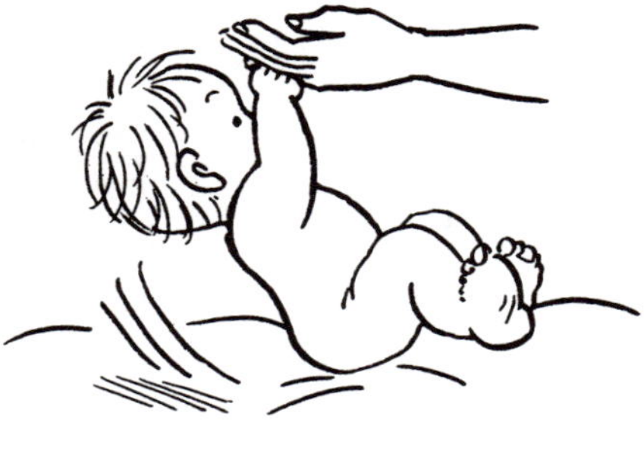

让宝宝尽快挺起脖子——三种反射

刚出生的宝宝总是在睡觉，一天中的睡眠时间甚至能达到 18 个小时，每次睡醒的时间都很短暂，除了吃奶以外，每次醒着的时间只有 3~5 分钟。醒着的婴儿可做的事情很少，只有哭泣、吮吸碰到嘴唇的东西之类的。只能依靠天生的反射来应对外界刺激。

吮吸反射——不停吮吸接触到嘴唇的东西

把握反射——手紧紧握住，即使把手指摊开，也立刻握紧

瞬目反射——向眼睛吹气，就会闭眼

第一阶段（反射期，从出生至约一个半月为止）的宝宝基本不会积极地接触外界，其心理和智力都不能清晰地进行认知。

这一时期的育儿目标是：**让宝宝尽快挺起脖子。让宝宝趴着时，可以抬头看周围**。

反射的同化
——从反射性吮吸乳房到“积极寻找吮吸”

妈妈必须把宝宝与生俱来的反射变为自发性的反应。

脖子能挺起来后，宝宝天生的反射就会逐渐变弱直至消失。

宝宝刚出生时，把任何东西放在他嘴边，他都会出现反射性吮吸。但是过一段时间（极端情况下，出生后第二天即开始），即使不吃奶，嘴巴也会一张一合地吮吸；即使不把乳头靠近宝宝的嘴巴，也会出现吮吸动作。随着时间推移，吮吸运动出现的次数越来越多，吮吸力量也逐渐增强。

宝宝出生三周以后，就能够自己寻找乳房。这时，就可以认为宝宝从吮吸反射过渡到了吮吸反应。无条件地对靠近嘴唇的东西进行吮吸的反射不再出现，即使肚子饿了，也能够区别乳房和其他东西。

宝宝并不是因为知道乳头的形状而进行区分的，他仅仅是在重复对乳房的“刺激—吮吸”反射模式。“吮吸—出现乳汁”这一模式不断得到强化后，吮吸反应出现。但是，乳头以外物品的刺激产生的吮吸无法使婴儿吸出乳汁，因而吮吸反应就会逐渐消失。

因此，除了乳头以外，还可以利用其他物品对吮吸模式进行刺激。也可以在不施加刺激的情况下帮助其进行吮吸模式强化，让宝宝区别乳头和其他物品。

当宝宝对外界刺激形成正确的动机，就会通过正确反应来积累经验，从而认识外界。这就是学习。

为了让宝宝尽早由吮吸反射变为吮吸反应，吮吸力量变强、吮吸肌肉协调工作，每天在哺乳时，要**让他积极尝试，逐步学习**。

这种**反射变为反应的过程叫作“反射的同化”**，即前额皮质和运动皮质发挥作用，促使宝宝自己主动进行反应。

在育儿类书籍中，仅有本书对利用反射达到自身反应的方法进行了探讨，付诸了实践，并向妈妈们推荐。

该时期的学习仅仅是基于反射的，除此之外的学习是不可能的。例如，给眼睛以巨大刺激（大幅度移动物品给宝宝看）让宝宝产生反应是毫无意义的。

●两种睡眠方式——让宝宝充分睡眠

婴儿一天中大部分时间都处于睡眠状态，其睡眠方式有两种：**“非快速眼动睡眠”**和**“快速眼动睡眠”**[①]。

任何一种睡眠方式对宝宝的成长发育都不可或缺。一

① “非快速眼动睡眠”又被称为“徐波睡眠”“正相睡眠”，“快速眼动睡眠”又被称为“快波睡眠”“异相睡眠”。——译者注

般认为，非快速眼动睡眠是大脑和身体休息所必需，而快速眼动睡眠则是大脑发育所必需的。但是最近的研究表明，**睡眠时虽然没有意识，但是仍在进行学习**。

●**非快速眼动睡眠**（non-REM sleep）——处于该种睡眠状态时，大脑的神经细胞和慢波周期相同，一半在工作或休息。可以在睡眠中复习或思考白天清醒时所学习的内容。

●**快速眼动睡眠**（REM sleep）——处于该种睡眠状态时，虽然眼睑闭合，但眼球却在骨碌碌转动，或嘴巴在进行吮吸动作、手指脚趾在活动，此时的大脑和醒着时一样在工作。观察此时的脑波就会发现与清醒时相同的波纹和波速。这种情况下，成人是在做梦，一般认为婴儿也是在做梦。

该时期睡眠的另一特征是无昼夜节奏。婴儿的睡眠时间短暂，一般只持续几分钟至几十分钟，一天中会重复几十次醒来和睡着，没有昼夜之分。

不同婴儿睡眠时间也不尽相同。因此，**请注意不要给予剧烈的刺激把宝宝叫醒，要让其得到充分的睡眠**。充分的睡眠是大脑发育所必需的，人为地增加或缩短宝宝的睡眠时间不利于其大脑发育。

宝宝体内区分昼夜节奏的生物钟不久就会开始发挥作用，在六个月左右时形成白天起床、晚上睡觉的生活节奏。

●亲肤育儿法和“C 纤维爱抚系统”——给宝宝以可以保留的“心灵接触”

母亲和孩子之间通过肌肤接触交流感情称为“亲肤育儿法（skin-ship）”。这一说法是日式英语，仅在日本使用。

平井信义先生（大妻女子大学名誉教授）于 1953 年在国际研讨会上获悉美国女性使用了“亲肤育儿法”，便在育儿类书籍中进行了介绍。之后，这一方法在日本也得以广泛使用。

最近的研究中发现了由肌肤接触而产生快感的大脑运动。

现在，由亲子间拥抱而产生的“一体感”（即 **C 纤维爱抚系统**）备受关注，但目前尚无相关日语书籍对此做过介绍。本书欲将此理论运用于育儿，首次加以详细说明。

皮肤分为有毛皮肤和无毛皮肤（如手掌、脚掌等）。轻轻按压或慢慢抚摸有毛皮肤，就会产生快感。

皮肤中被称为“自由神经末梢”的感觉接收器官受到

刺激时，无髓神经的纤维（身体中最纤细的神经，直径小于1微米，传播速度约为1米/秒）就开始工作，大脑中产生快感，于是，被称为“岛叶”的最高中枢开始工作。这就是在哺乳类动物中由皮肤产生快感的神经系统。

查阅英语词典就会发现，当“caress”作为名词时，意为亲吻、拥抱等引起慈爱之情的行为；作为动词时，则是爱抚、抚摸等意思。

最近五年来，脑科学专业期刊已发表了约30篇与此相关的论文。

母亲和婴儿肌肤相亲、进行拥抱时，双方的C纤维爱抚系统就开始工作，母亲和婴儿都会心情愉悦。婴儿因不安而哭泣时给予拥抱，让这一C纤维爱抚系统发挥作用，婴儿的不安就会变为快感，从而心情变好、停止哭泣。

亲子间拥抱会产生“一体感”，不仅婴儿会开心，母亲的心情也会更加愉悦。请每天坚持拥抱孩子，加深彼此间的情感。想让婴儿心情变好时，请一定有效利用这种C纤维爱抚系统。

本书将使用脑科学术语“C纤维爱抚系统”来取代非科学性词语“亲肤育儿法”。

●出生一周的婴儿感觉敏锐
——明白味道、声音、颜色、气味的区别

宝宝出生时像一张白纸，仅能做出反射。但是，注意观察就会发现，虽然称不上对外界刺激有明确的反应，但是宝宝的确在微妙地进行回应。

宝宝出生后一周，能分辨出自己所看到的是不是人，看的时间、看时的动作各不相同，对于所见所闻，也会根据不同的对象产生不同的反应。

遇到不开心的事时，婴儿就会哭一会儿。例如，为了记录脑波而在宝宝头上扣紧带子的话，他会哭几秒钟，然后就睡去了。

宝宝出生一周后，就会明白温度、味道、气味的区别。他们会转动脖子躲避气味，会区别甜的东西和不甜的东西，还能明白皮肤是被轻轻碰触还是被压迫。

对于声音，这个阶段宝宝可以做出睁开眼睛、改变呼吸频率的反应；有喜欢和讨厌的声音；对于大的声音会做出不快的反应；似乎也能明白声音的出处；可以区别长时间持续的声音和短的声音。

关于颜色，这个阶段宝宝可以盯着看放到眼前的红色和黄色的东西；较远处的似乎也模糊可见；对于光的强弱也有反应，光线较强时会闭上眼睛。宝宝似乎出生后立刻就能明白条纹形状。刚出生时，相对于圆形，宝宝更注意竖条纹的东西，但是，出生三周后就开始喜欢圆形和人脸形状的东西。

就这样，婴儿在这个阶段对于刺激会产生微妙的反应，并在大脑中形成神经回路。婴儿的反应会根据刺激的种类、场所、强弱、时间而产生微妙差异。

请仔细观察，找到把反射发展至清晰的反应的好办法吧！

① 请在初见宝宝、激动之情尚未褪去时进行全身检查
——保持亲情和冷静

平安结束生产，疲劳完全恢复后，第一项工作正在等着你。

请仔细观察自己的孩子，认真检查宝宝的身体特征，从头顶到脚尖，请像在看别人的宝宝一样冷静地观察。作为育儿的最高责任者，所关注的不应是“长得可爱不可爱啊”“是不是全都满意啊”等问题，而是仔细观察今后需要改良的部分在哪里。

请仔细观察：宝宝的头是不是圆圆的，形状是不是很漂亮，手指左右是否长度相同，脚趾、眼睛、耳朵怎么样，鼻梁是否歪斜，鼻孔是否左右对称等。

仔细观察宝宝全身

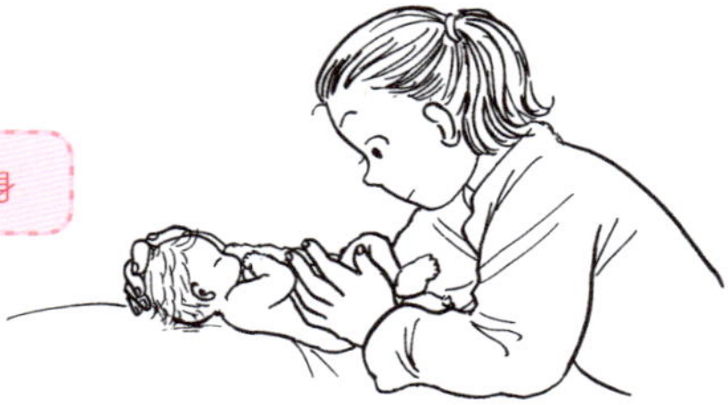

比起五官美观与否，请多留意是否左右对称，也就是是否具备“平衡的美观”。

确认左右是否对称

我的长子出生时鼻孔是左右歪斜的。出生后 5 天的住院期间，我总是注意观察他的鼻孔，缓缓地按压大的一侧。

原来，大的那侧鼻孔里面是因为残留了一大块恶露（分娩时的分泌物）。虽然后来宝宝打了大喷嚏，把恶露排出来了，左右鼻孔差异没那么明显了，但一直没有完全一样，而且，一旦感冒，较小一侧的鼻孔就容易鼻塞。这促使我关注他感冒的苗头，以便及时采取措施。

次子右侧耳朵没什么问题，但是左耳的耳轮向前垂下，贴住了耳郭。我花了 5 天时间持续用手轻轻抻拉他的耳轮。渐渐地，他的耳轮舒展开来，不再紧贴耳郭了。之后每次

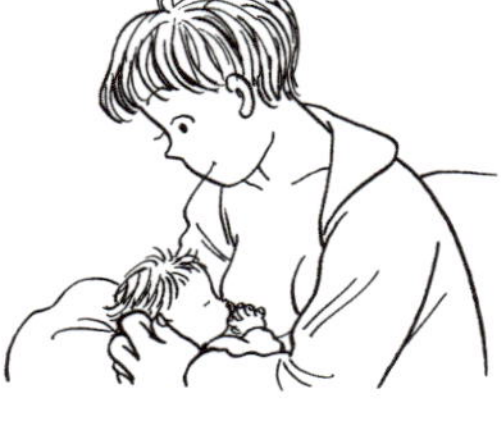

通过轻柔的按摩，矫正了次子耳轮变形的耳朵

哺乳时我都会轻柔地按摩，以促进他耳朵整体的血液循环。到他二十岁时，除了我，谁都看不出他的耳朵有点变形了。

对于头歪斜和左右手指、脚趾长度不同等情况，如果**从早期开始，像轻轻地揉“刚做好的年糕”一样长时间轻柔地按摩的话**，即使不用特制的枕头或石膏、绷带等进行矫正也能取得较好效果。斜视、斜颈、骨关节脱臼等现象，只需要稍加注意，观察左右是否对称，就可以发现。

如果在医师或保健师的提醒下才注意到上面所提到的问题，作为本书中所定义的育儿最高责任者来说，就是不合格的。

对于自己的宝宝，“好可爱，好可爱”的心情固然重要，但是**冷静、认真地观察宝宝**的环节更加不可或缺。

我外甥的眼睛只有一侧经常分泌眼屎，看起来总是湿润的。这个现象在他出生后 1 个月左右妈妈就注意到了，但是直到 3 个月左右时才去向医生咨询。儿科医生没看出问题，又去咨询眼科医生，才终于明白，总是湿润的一侧是因为泪腺堵住了。所幸疏通了泪腺，才没有造成大问题。

一侧是双眼皮，另一侧则是单眼皮的差异多是天生的，遗传性的。但是如果**一侧的眼睛模模糊糊，或者不太能睁大**

的话，就需要引起足够的注意了。

要通过仔细观察，不放过任何细节地去发现异常。因为在这个阶段，婴儿的手脚还不能如成人般自由活动，所以这时要重点观察形状的异常。

★观察时请**跟宝宝保持一定距离**。观察左右是否对称，而且手、脚、胸、背都要观察到。

② 妈妈最初的爱就是母乳——母乳是宝宝的最佳食品

育儿的工作男性也可以承担，但是哺乳的工作只能由女性承担。

母乳是宝宝的最佳食品。除非有其他原因被医生阻止哺乳，否则，妈妈的乳汁是最适合宝宝的食物。

母乳是婴儿的最佳食品

但是，母乳并不容易分泌出来，特别是生第一胎的时候，经常会出现无法出乳的情况。好的催乳方法由来已久，如果产后无乳可以立刻进行按摩开乳。

首先，请下定决心给宝宝母乳，积极尝试各种催乳方法吧。**一定不要因为暂时没有母乳，就马上给宝宝喝牛奶**。

可以用凉开水沾湿乳头让宝宝吮吸，试着挤一挤，哪怕只出来一点乳汁乳头也会湿润。

用凉开水等湿润乳头，让宝宝含住吮吸，努力促进乳汁分泌

婴儿会无条件地吮吸乳房，这种刺激也会促使乳汁分泌。如果只能给宝宝喝母乳的话，母子就一定要一起拼命努力。

宝宝醒着的话就让他把乳头含在嘴里，哭了就稍微湿润乳头一点点碰触宝宝的嘴唇，设法让他感觉到水分，就愿意含进去了。请保持耐心坚持下去。

奶瓶里的牛奶可以轻松喝进去，这样喂饱宝宝的话，他就会因为不知道乳汁好不好喝而放弃吮吸干燥的乳头。如果宝宝明白从乳头里可以分泌出美味的乳汁，即使只有一点，也会拼命吮吸的。

草率地决定给宝宝喝牛奶，就等于放弃了“作为妈妈的最初的努力”。无论如何，请一定让宝宝吮吸乳头。亲自给宝宝哺乳真的会令妈妈精神愉悦，10 个月的负重、生产的痛苦都会烟消云散。

另外，牛奶的成分是一成不变的，而母乳的成分则会随着妈妈的饮食发生变化，浓度也是有时浓稠、有时像水一样清淡。这样就会促使妈妈也注意自身的饮食，让妈妈**真切地感到，自己的健康对宝宝来说是多么重要**。

妈妈的健康对于宝宝来说同样重要

我们相信，通过给宝宝在不同时间喂食有微妙差别的母乳，可以让他了解各种味道，并体会不同味道间微妙的差别。

★哺乳动物都是通过母亲给宝宝喝自己的奶水来养育孩子的。人类也是哺乳动物中的一员。母乳可以为宝宝提供成长必需的所有物质。

母乳不仅包含宝宝身体成长所必需的营养成分和防止感染的免疫抗体，**哺乳行为也有利于婴儿的心理成长，并可以给母亲带来育儿的喜悦**。

3 给宝宝穿合身的衣物吧——思考“什么是最好的”

给身体小小的婴儿准备的贴身衣物，如果又肥又大不合身，特别是脖子周围肥肥大大的，看起来就会很冷。

因为房间的温度很难调节到像可以裸身生活的温室那样，所以婴儿必须借助衣服调节外界温度和体温的关系。

虽然宝宝刚出生时只能穿标准尺寸的衣服，令人无奈，但接下来请给宝宝准备合身的衣服吧。

一抱起来就全部卷上去露出两条小腿的长袍、从脚踝位置垂下来的有蕾丝的袜子等虽然看上去可爱，但是会给宝宝不必要的刺激，使其为调节体温而进行更多反应。所以建议妈妈给宝宝准备**合身的贴身衣物和尿片**。

我自己曾用薄针织衫做了几件领围小、缀着上下都能打

从前，我手工缝制了各种各样的婴儿用品

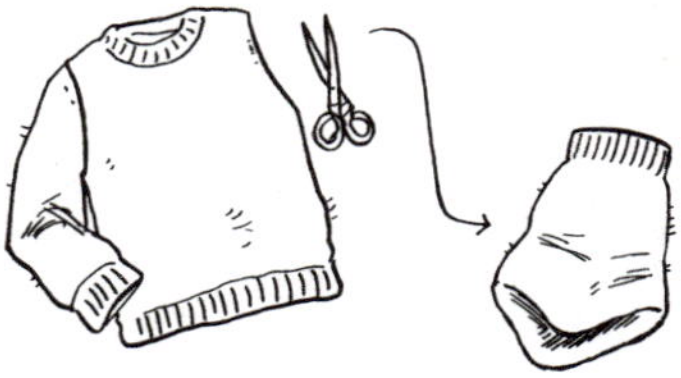

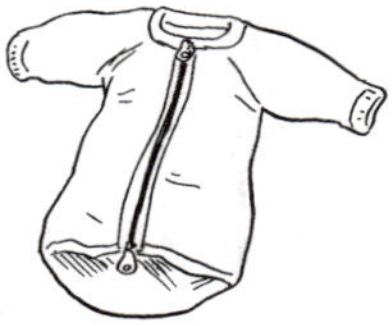

拉链可以上下打开的婴儿服，穿起来很方便

开的拉链、像口袋一样的婴儿服。在妇产医院，我看到一些宝宝的体格在标准之外，便按照其大小制作了合身的婴儿服当作礼物送他们，他们非常高兴。

立裆长、能遮住脚踝的薄裤子在抱起婴儿时也很实用。我的长子出生时，爸爸很开心地抱着宝宝，但是儿子被抱起来，衣服就卷上去，腿露了出来，看起来又冷又不舒服。所以我赶紧给他做了长裤。

婴儿衣服的尺寸**最好是合身的，所以没有必要从出生前就开始做各种准备**。虽然这对于在物质不丰富的时代养育了孩子的奶奶们来说不容易理解。

市面上售卖各种形状和尺寸的尿片，请根据宝宝的身材选择吧。如果宝宝个子大，就选择大一些的。有的宝宝会频繁地大小便，频繁弄脏尿片，而有的宝宝则可以一次拉很多，但次数较少。宝宝的情况各不相同，一定要选择选择适合宝宝的尿片。
一旦脏了立刻更换

最适合宝宝的尿片。

尿片一旦脏了就立即更换，这是大原则。

为了让宝宝尽量早些记住：湿湿的不舒服，干干的才舒服，请务必及时更换弄脏的尿片。即使大块的尿片只脏了一点，也不要觉得“只脏了一点，一次没换没有关系”，让宝宝穿着脏的尿片，这不仅会伤害皮肤，还会造成其感觉迟钝。

勤于思索**“什么对婴儿最好呢”**的育儿态度可以解决任何难题。

“谁能给我点儿纯毛的旧衣服，好让我做婴儿服失败时可以随便扔掉，那该多好啊。”有这种想法的妈妈（也就是不吝惜物品的妈妈），她的孩子会更早地脱离尿片。

我曾经一天之内用掉许多尿片，但是儿子们都在一岁生日前完全脱离了尿片，我几乎没有为他们的排便习惯烦恼过。

我将这种方法推荐给其他家庭，那些宝宝也就能很快脱离尿片，几乎没有哪个到两岁还在用尿片。

★**给宝宝穿合适的衣服。这样不仅利于保温，也便于手脚活动。这是尊重宝宝个性的育儿方法**。

④ 让宝宝适应生活中的各种声音吧——让其适应环境

刚从妇产医院回家，由于环境发生巨大变化，婴儿无法平静的时候，他们可能会对声音产生过激反射。对这样的婴儿，我们应该为他们“拥有出众的感知能力”而开心。

声音过大或者脖子的位置突然改变等，婴儿就会伸直手脚，首先朝外，随后向内侧弯曲。由于用了全身力气，看起来他们好像非常害怕。这样的宝宝看起来心情不好，所以尽量不要让他受到惊吓。

但是，**如果不稍稍粗放些照顾的话，宝宝就容易变得神经质，过于敏感**。所以，尽量让宝宝适应各种声音吧。开始时可以让他听稍小的声音，再逐渐放大。请注意：**不可以让宝宝突然听到巨大的声音**。

环境发生变化就完全无法入睡的毛病，并不是长大之后才形成的。

在狭小的房间里，如果会被吸尘器发出的粗重声音吓到，会被附近汽车的喇叭声吓哭的话，孩子就无法在现代社会中生存下去。

因此，可以让宝宝躺在褥垫上，夏天时也可以在地板上铺一块毛巾让宝宝躺，躺的地方可以在窗边或房间角落，要保证**每天都变一变**。

一天里可以多次变换宝宝睡觉的地方，让他熟悉各种声音

尽量让声音慢慢变大。宝宝醒着的时候，反复打开、关上吸尘器开关，他就会慢慢习惯吸尘器的声音。宝宝快睡醒时，可以慢慢调大收音机或电视机的音量。这样做，可以让他先习惯房间周围的环境。

宝宝睡眠时间长的话，很难保证环境一直安静。如果家不大，肯定无法避免宝宝不接触生活中的声音。如果把宝宝一个人放在安静的房间中，就无法随时感受到他的成长。因此，请努力尝试，尽量**安静地陪伴在宝宝身边**。

睡眠也存在个体差异，既有从出生之日起就睁开眼的

宝宝，也有基本不睁眼、总是在睡觉的宝宝。总是睡觉的宝宝，只在哺乳和换尿片时才会理睬你。

即使尽量设法保证宝宝睡眠充足，生活中的声音也会对其睡眠造成干扰。比起困倦的半夜，妈妈在白天的时候，无论是哺乳还是换尿片等都会更加粗放一些。宝宝可以通过感知这种微妙的差异，慢慢适应白天起床和晚上睡觉这种成人社会的节奏。

婴儿会自然而然地对某种行为、环境或节奏产生喜好并加以适应，所以妈妈所给予条件时也应该注意要**温柔、柔和，让宝宝身心愉悦**，特别是在宝宝的脖子还没挺起来的时候。

但是，让习惯大声说话的妈妈一直温柔地讲话是非常困难的。因此，要将音量逐渐变为平时的强度，让宝宝慢慢习惯。这样，宝宝就不会惊讶于“照顾自己的保护者”——妈妈的大嗓门了。

妈妈的声音逐渐由小变大，宝宝很快就会适应

但是宝宝仍然会对别人的声音感到惊讶。为了让宝宝习惯各种声音，请主动让他听各种声音吧。白天，特别是在只有妈妈和宝宝在家时，请妈妈采取各种办法**让容易被新的声音吓到的宝宝习惯尽量多样的声音**。

妈妈和宝宝说话时的声音和气息是非常重要的

如果宝宝对杂音、高亢的声音、低沉的声音等某种生活中的声音产生反应，就以此为基础，从缓慢、微弱、轻柔的声音开始，渐渐过渡到普通的强度，让他逐渐适应。

★不想看时可以闭上眼睛，但是不想听时却无法避免。

给宝宝的声音刺激要**从较弱的开始，逐渐增强，尽量让宝宝听妈妈喜欢的歌曲或声音**，这样可以增进母子间的亲近感。

婴儿在听到巨大声音时曲腿，再慢慢伸直，称为**莫罗反射**（Moro Reflex）。由于在母亲的子宫内几乎听不到声

婴儿对大声的反应
被称为“莫罗反射”

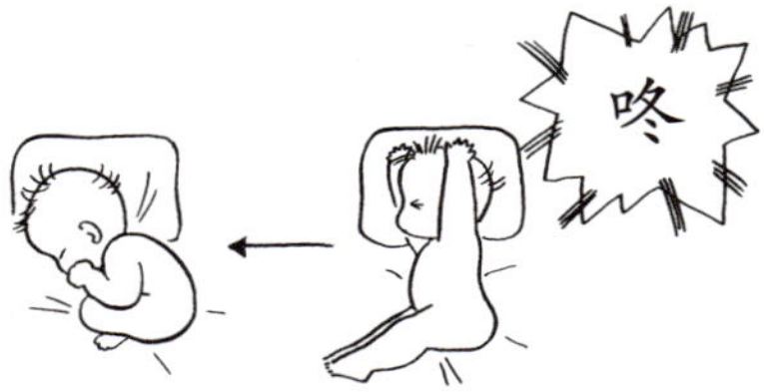

音，所以婴儿对大的声响更容易产生反应并记住。

5 积极跟宝宝说话——脑细胞会做出反应

认为对婴儿说什么他都不理解、跟他说话是徒劳的，而**默不作声地抱着或换尿片的行为是不可取的**。

我一直都在跟宝宝说话。抱起来时说**“真是好孩子”**，换尿片时说**“要换尿片喽”**，还总是说**“肚子饿了吧”“啊，下雨喽”**等等。

我从在妇产医院时就开始这样做了。不必考虑所说的内容，**“不吃妈妈奶的话，会吃亏的哦”“你的小鼻子有点弯弯的啊”“妈妈要吃饭啦，稍等一下哦”**等等都可以。总之，**搭话的声音、气息以及同时进行的皮肤刺激**对于婴儿来说是必要的。

虽然不必考虑宝宝是否理解，但是我一直注意使用正确、恰当的词语，而**不是婴儿用语**。例如，我不会说“洗澡澡”“汪汪”“滴滴”，而说**“洗澡喽”“有小狗”“过汽车啦”**。顺便说一下，说狗的叫声时，就模仿狗叫发出声音，但是提到狗这种动物时，则要使用**“狗”**这一准确的表达方式。

婴儿是在对周围人的模仿中成长的，妈妈自然就成为了模仿的范本。所以，我总是尽可能**清晰地发音，尤其注意尽量多使用以元音开头的词语，并清晰、准确地发音**。

随着月龄的增加，**最好让宝宝看着自己的口型来发音**。宝宝出生后，尽量让他养成使用简单清晰的词语进行表达的习惯。这样，在成长过程中就不会为了让孩子正确记忆语言而困扰。

请把宝宝听了也不理解的阶段当作即使出错也没关系的练习阶段，努力让他轻松愉快地说话吧。

⑥ 宝宝的眼睛想看东西——大脑在刺激下形成神经回路

刚出生的婴儿眼睛不怎么动，面部几乎没有表情，很难搞清楚他是否看得见。

我的长子从出生时眼睛就睁得很大，总是盯着什么看，脸部表情好像能够看到一样。大概同一时期出生的其他宝宝，大部分整天都闭着眼睛，而我儿子白天、晚上都长时间睁着眼睛，就好像要探寻多彩的外部世界。

我住院期间，妹妹前来祝贺。她小心翼翼地凑近、离开宝宝，我儿子的目光竟微微回应了。我让妹妹忽快忽慢、忽左忽右地凑近宝宝，试图确认“宝宝是不是能看见啊”。我们发现，太近了不行，太快了也不行。但是，别人做同样的动作，宝宝却没有反应。于是我从各种角度思考妹妹和其他人有哪里不同。最终发现，妹妹只不过穿着鲜红的衣服而已。

从那以后，我一有接触刚出生宝宝的机会，就进行各种尝试，发现穿着红色或鲜艳的粉色衣服，或者头上围着红色的布，慢慢地、悄悄地从远处靠近宝宝的话，就会得到回应。

脖子还挺不起来的宝宝，与自己的妈妈相比，对我表现出更强烈的反应。我简直是一个特别的存在。大家都很羡慕，说："喜欢小孩子的人，连这么小的宝宝也能看出来啊。"其实，宝宝只不过是对我衣服的颜色和恰当的进入他视野的动作产生了兴趣而已。

眼睛能看到的话，婴儿就会很想看东西，只是我们还不清楚刚出生的婴儿能看到的情形，但可以确定的是，他们是能看到的。

婴儿眼睛的视野不同于成人，非常狭窄，基本在瞳孔和瞳孔之间的延长线上。可以让婴儿躺下，正面对着他的脸，由远及近地缓慢靠近，寻找目光相交的点。我的长子由于眼睁开的

配合婴儿的视野，就会发现他的眼球在转动

让宝宝的眼睛追随妈妈由远及近、左右移动

时间比较长，这一训练效果很好。他会马上转动眼珠，找到视线相交的地方，出生不到一周，就能看到注视着他的人的眼睛了。也可以从左右两侧缓缓地进入宝宝的视线范围并停止，再由内向外移动，让宝宝的眼睛追寻这一动作。

不仅是眼球，如果能够带动脖子也转动，宝宝的脖子就会越发结实。这样的话，即使抱着的时候宝宝脖子前后颤颤巍巍，脖子挺起来也只是时间问题。

7 盯着宝宝看吧——注视的训练

经常听人说“这个孩子好像能看见一样啊”“这个孩子难道不是能看见吗”等等。

由于不能向婴儿确认，所以无法明白他能看到什么。但是，宝宝的确是**通过“看”形成神经细胞的连接，从而变得像成人一样可以看到**。

当宝宝好像能看到一样，眼球一动不动地注视着一个点时，就可以训练他注视眼前的某一点。有时候，婴儿看起来好像在集中注意力，但仔细观察他的眼睛就会发现，虽然眼神炯炯，但是目光空洞，很难长时间注视一个点，即使妈妈把脸凑近到距离他40~50厘米的地方，宝宝也不

妈妈把脸凑到离宝宝 40~50 厘米处对他讲话

会转动眼球。

静静地自上而下按摩宝宝的双眼间和鼻子根部，一边说**“好累啊”“好累好累”**一边让他闭上眼睛。宝宝闭上眼之后立刻停止按摩。

当宝宝能够持续注视前方后，妈妈就要跟宝宝讲话，设法尽量延长其注视时间

过一会儿宝宝再睁开眼睛时，观察他的眼球是否仍然持续注视着前方。持续注视的话，就重复刚才的动作。如果没有，妈妈就可以把脸由远及近至离宝宝脸 40~50 厘米处，然后再离开，同时跟宝宝说话、玩耍。

请妈妈一定保持脸部光线明快，不能处于逆光位置。

有的宝宝一天中可以数次集中目光形成注视，但并不是每次都会配合。**眼睛的训练，开始时一天一次即可，但请每天坚持。**

做完眼睛按摩后，有的宝宝就会直接闭上眼睛睡着了。那就请让宝宝安静地睡吧。静静地按摩他的眼皮就可以了。被妈妈缓慢地轻柔地按摩眼皮是一种享受呢。

在这个时候，我一般会一边按摩宝宝的眼皮，一边**配合按摩的动作唱同一首摇篮曲"睡吧，睡吧，安静地睡吧♪"**[①]。渐渐地，在宝宝自己犯困或者想让他快点入睡时，一边按摩一边唱这首摇篮曲，宝宝就会自然地闭上眼睛很快入睡。

当宝宝开始积极主动地持续注视前方后，妈妈就要**设法尽量延长其注视时间**。

★将物体的图像置于眼球中心部位称为**"注视"**。**能够注视是可以看东西的基础**。

8 换尿片时与宝宝面对面说话吧——不要机械处理

给宝宝换尿片时，是否只看着宝宝的脚下？是否沉默不语地换？

① 日本江户时代流传下来的传统的摇篮曲。——译者注

不能把宝宝当作物品，**也不能机械地对待**。

一天中会重复多次换尿片。这时候，如果能充分地陪伴宝宝，之后他就会好好睡觉，可以自己安静独处的时间也会增多。

换尿片时，最好**一边看着宝宝的脸一边跟他说话**。“即使说话宝宝也不明白，他不会理睬”，这样的想法是不对的。请注意，**不是妈妈看着宝宝的脸，而是让宝宝看到妈妈的脸**。

靠近宝宝的脸颊，让他感受到妈妈的气息，然后慢慢离开至40~50厘米处，一边跟宝宝说话一边帮他换尿片。可以轻柔地说**“早啊，今天心情怎么样啊”“好好睡吧，好宝宝”“宝宝，要换尿片啦”“是妈妈啊”**等等。

即使脸从距离宝宝脸40~50厘米处离开，也请**尽量在宝宝容易看到的地方**。

妈妈的脸离开的时候，如果宝宝的表情发生轻微变化、转动眼睛，就意味着宝宝看到妈妈的脸了。不过，即使宝宝没有动，也不代表他没有看到。在换尿片的时候，请不要让宝宝的脸看向旁边或下面，要让他转动眼球明确地看向妈妈。

这一时期的宝宝看向妈妈时，即使妈妈在其视线范围内，如果动作幅度太大，或快速上下左右移动的话，宝宝就看不到。只有脖子完全挺起来的时候，目光才能够追随妈妈的动作。

妈妈逗宝宝时，经常会在旁边快速地晃头。这在宝宝看来会是什么样子呢？也许只是灰色的模糊影像吧。

跟宝宝搭话时，如果他一直盯着妈妈看的话，就让他先看一会儿，妈妈缓慢移动，让他目光追随。这样，晃动脖子逗他时，宝宝就会做出反应，但不一定会开心。

抱着刚刚出生的脖子还挺不起来的婴儿**晃来晃去，或晃动拨浪鼓哄逗是毫无意义的。请在宝宝容易看到的地方安静地别动，同时轻声慢语地跟他讲话。**

★ 对宝宝来说，换尿片的时间是**学习时间**。

9 宝宝憋足气用力时请给他按摩——按压皮肤引起抑制

刚出生的婴儿，有时候会满脸通红地用肚子上的肌肉吭吭地使劲儿。

这时的宝宝好像要大便一样，看起来非常痛苦，令人担心，不知道怎么回事。其实这是宝宝健康成长的证明。宝宝吭吭地使劲之后，一边对他说**“啊——好舒服啊，好舒服啊”“真是太舒服了”**，一边用双手给他从肩膀到手指尖、从腋下到脚趾尖，进行全身按摩，让宝宝的C纤维爱抚系统（参见第6页）发挥作用。按摩时请尽量**细致、缓慢地进行**。

宝宝吭吭地使劲后，一边对他说“好舒服啊”一边用双手给他从肩膀到手指尖、从腋下到脚趾尖进行全身按摩

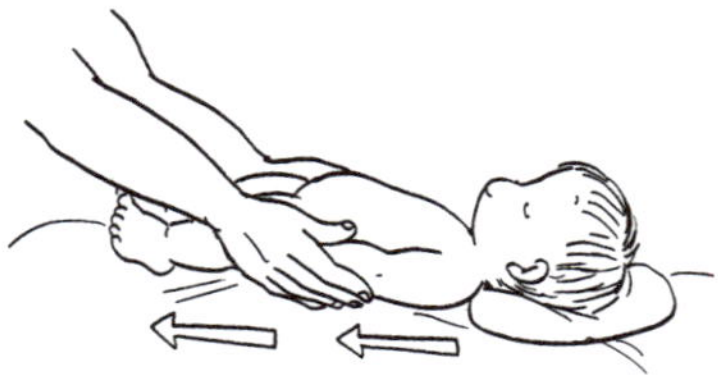

在反复按摩的过程中，宝宝会随着妈妈的节奏伸展手脚。这时，对于外界的刺激，宝宝开始自发地活动手脚了。

婴儿刚出生的时候一般不会产生这种反应。

我的长子直到出生后一个月左右，常常会满脸通红地全身用力，所以我给他按摩的次数也很多，于是他在约半个月大时就出现了反应。次子就比较迟钝些，用力的次数少，学会这种反应花了一个多月时间。一旦适应了这种按摩反应，换尿片也可以更加轻松。

有时候，婴儿仿佛被强烈的不安所侵袭而大声地哭泣，这时妈妈不要惊慌，可以**轻握住宝宝的手或脚，轻柔地抱住宝宝按压全身，促使 C 纤维爱抚系统发挥作用**。宝宝感受到来自妈妈身体的压力就会停止哭泣，身体上的紧张就得以缓解了。

这其实是因为宝宝虽然自己在用力，但是却不能很好地调节用力方法，生气了。哭泣是因为他注意到自己完全伸展开的手和脚的不稳定。这种感觉类似于“不安—恐惧”的情感，与在强烈刺激下的大声哭泣是不同的。

因此，妈妈等照看的人应该让宝宝明白自己就在身边，

温柔地告诉他**“没关系”“妈妈在这里”**。一边说一边让宝宝身体不动，直到安静下来。如果宝宝立刻就安静下来的话，可以把他的手脚摆成吃惊时的状态，然后再伸展，从后背到手指尖、从腰部到脚趾尖交替按摩。如果宝宝不安的状态仍然持续的话，就把手放在他身体上，伸展他的腿，从肩膀轻轻地按摩至脚趾尖。

好像按压住一样抱住宝宝，
来缓解他的不安

这种状态之后，在更换尿片时，小心地稍微用力伸展宝宝的手脚成大字形，进行尿片体操（参见第 62 页）。让宝宝明白，即使手在空中挥舞也不必感到不安。

重复几次，宝宝就不会突然手脚无力。即使突然手脚无力，宝宝也不会因为不安而哭泣了。

★婴儿手脚僵硬紧张时，按压他的皮肤，会缓解僵硬，这是因为来自皮肤的压力产生了“压力反射”。

⑩ 尝试一下躺着哺乳的姿势吧

——利用哺乳方式的变化刺激“C 纤维爱抚系统”

对于不擅长抱孩子的新手妈妈来说，抱着喂奶、拍嗝儿会异常疲劳。

在日本，抱着喂奶的方式是大约 1945 年以后才逐渐得以推广的，应该是用奶瓶给宝宝喂牛奶逐渐普及所致吧。曾经发生过妈妈躺着给宝宝喂奶时累了睡着，把宝宝压死的事情，所以人们就认为抱着喂奶比较好。

妈妈躺着喂奶时比较舒服，的确容易犯困。但是，我认**为躺着喂奶时，妈妈不动，而让宝宝自由活动去吃奶，是一种很好的哺乳方法**。不过，在宝宝脖子挺起来前后，必须充分注意不要因为打盹压着宝宝，造成他呼吸困难。不妨在爸爸、奶奶等亲近的人在旁边时躺着喂奶，这样，即使妈妈睡着了也可以被叫醒，还可以一边哺乳一边悠闲地聊天。

爸爸或奶奶在身边时就可以躺着哺乳，宝宝一定很开心

当因为笑等动作导致乳房晃动时，宝宝会拼命配合着乳房的晃动去吮吸，而乳房晃动太强烈的话，宝宝还会烦躁开始晃动手，满脸通红地放开乳房。那也没关系，持续20~30分钟，宝宝就会很好地配合着继续吮吸。如果乳房搭在了自己脸颊上，宝宝还会活动脸上的肌肉尝试吮吸脸颊处的乳房，并用小手去摸索。

在乳房下面呼吸不畅的时候，宝宝就会手脚乱动，做出抱着哺乳时不常见的动作，从而掌握新的反应类型。如果连脚都动，就说明脖子已经很结实了。

我让宝宝躺下，我则像小狗一样趴在宝宝上方，露出乳房碰触宝宝的脸颊。有时候，我会把两边乳房放到宝宝的嘴巴两边，对他说**“请选一个喜欢的吧”**，交替啪嗒啪嗒地用乳房轻轻拍打宝宝的脸颊。然后，让宝宝开始吮吸，过一会儿就时不时地把乳头从他嘴巴里抽出来，宝宝着急吃奶，就会更加用力地吮吸。

这时，如果宝宝出现自己想抬起头的苗头，就说明他的脖子已经可以挺起来了；如果仅仅是吮吸力量稍微变强，则说明脖子还不够强壮。

这种四足动物（汪汪）式的哺乳方式看起来也许不太

四足动物式的哺乳方式，可以让宝宝早日学会手脚活动

雅观，但是宝宝可以自由地使用手脚，有利于掌握各种动作。但是，妈妈由于要手脚着地，手腕会疲劳，所以不能长时间保持这个姿势。

★通过尝试多种**哺乳方式，让宝宝掌握各种反应模式**。**妈妈要重视与宝宝的肌肤接触**。

11 让宝宝尽情吮吸手指吧——这一时期吮吸手指没问题

宝宝把自己的手放在嘴里吮吸，标志着他开始用自己的意志活动手了。

婴儿的感觉中发育最早的是**嘴**，因此，可以认为宝宝频繁地把自己的手放到嘴里的行为是**意志开始萌芽的标志**，需要花费精力进行训练。

这一时期吮吸手指是"开始用自己的意志控制手的活动"，让宝宝尽情吮吸吧

我的次子出生后马上就把手放到了嘴里，总是要吃奶。美国妇产医院的护士对此非常吃惊，甚至给他起了个小名叫**“饥饿宝宝”**。

次子的发育比一般孩子要早很多。我的长子出生后大约一个月才开始东张西望地活动眼球，不知什么时候左手右手都放到嘴里的。

出生几个月后出现的吮吸手指现象并不是坏毛病，而是宝宝主动活动手指的意志表达，他是在通过嘴巴吮吸、挥动小手，确认手指这一自己身体中会动的部位。**请让他尽情去做吧！**

到这个阶段，如果碰触宝宝的手指让其伸展，他就会伸展开来，让他握东西，他也会马上握住。但是，他仍然会有手指不能全部弯曲握住，所以当给他安抚奶嘴时，请让他用五根手指一起握住。

一般来说，宝宝会仅仅使用指尖用力，而跷起一两根手指。**为了让他五根手指同样用力，妈妈可以用手握住婴儿抓住东西的手指，一根根地按压手指，让宝宝在握东西时自然地用力。**

这一时期，不提倡提前给宝宝超越现阶段发育程度的

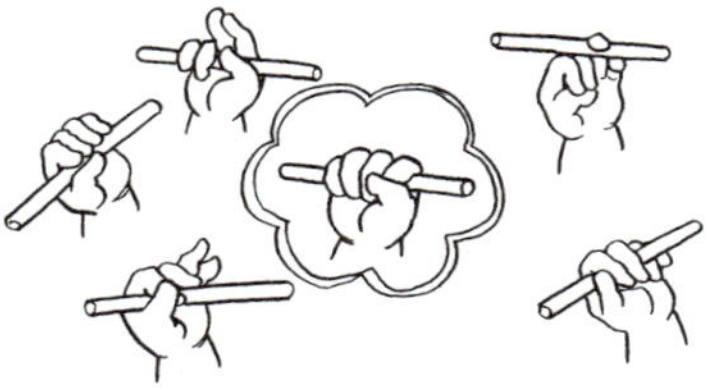

玩具。有时可以见到宝宝用两三根手指握着大大的拨浪鼓拼命摇晃，其实那不过是他手里拿着重的东西感到“好讨厌啊”。宝宝手拿拨浪鼓大声哭泣，往往是因为他无法放开讨厌的拨浪鼓。这时候，宝宝还不能按自己的意志拿起和放下玩具，并且一哭就哭到全身紧绷、指尖发硬，无法放松。这时的拨浪鼓，仅仅是成人给的玩具，对宝宝来说，它称不上是玩具，对大脑发育毫无益处。对他来说，这时握住妈妈爸爸的手指，让爸爸妈妈摇摇摆摆地晃动更有趣。

我相信，**这种从指尖传来的温暖和气息，以及在流动的空气和复杂的声音振动中与人的接触，会让婴儿身心安宁、健康成长。**

★ 反射期不要禁止宝宝吮吸手指，让他尽情吮吸吧。

⑫ 让宝宝玩手指游戏吧——“抓握”是手的基本动作

从宝宝出生开始，就试试看把他紧紧握住的小手撑开、拉伸他的手指吧，宝宝手指的力量和发育速度是惊人的。他们伸展开的手指还不容易折弯，即使折弯了也会立刻再伸展开。

有时宝宝弯曲的手指会力量惊人，所以洗澡时想把他们的手心和手指缝洗干净可不是件容易事，妈妈还要想方设法取出宝宝紧紧握在手里的衣角、线头，甚至垃圾。

日本有这样一句话“竟然明目张胆摊开手掌，真是狂妄的孩子啊”。正如此言，出生时就摊开手掌的宝宝很难握紧拳头，必须经过练习才能做到。请轻轻弯曲宝宝的手掌和手指，再让其伸展开来。

对于紧握拳头的宝宝，请轻轻展开宝宝的手指，妈妈把自己的小手指放入宝宝的手掌。不过，宝宝的手指不会轻易张开，所以稍有难度。要像撬开一样，但**绝不要试图用蛮力一次掰开所有手指。**

握紧的手指很难张开，张开的手指也不容易握紧，这是因为婴儿还不能控制自己的手指。在多次重复“张开—弯曲”这一动作后，逐渐地，宝宝就能自如地做到了。

让宝宝练习握住妈妈的小手指，掌握后就可以练习抓握玩具了

当宝宝握住妈妈小手指的力量渐渐出现强弱变化，就**可以让他抓握玩具**了。以往，宝宝只是看着玩具，此时也开始不断活动全身尝试伸手去拿。但是宝宝还不能单独活动每根手指。**这时，请一根一根拉伸宝宝的手指**。其余的手指随着被拉伸的手指动也没关系。同时，让宝宝握住妈妈的手指。

宝宝突然用力握住妈妈的手指时，请仔细观察他的手指，注意是否只有一根或两根在用力弯曲。如前所述，请调整好宝宝抓握的方法，让他**五根手指均衡用力**。另外，宝宝也还**不能跷起指尖，像妈妈用手指包住自己的手指一样**握住。

接下来，悄悄地用玩具替换掉妈妈的手指，让宝宝握住。此时也请注意他**手指的位置和姿势**。

如果宝宝拿起玩具摇晃两三次，小手就无力松弛地落下来的话，就说明这个玩具对宝宝来说太重了，请尽量减轻玩具的重量。

手指还不能一根一根活动的婴儿，即使因为握住的东西太重而疲劳，也做不到马上松手，因此必须根据婴儿的实际情况调整玩具的重量和形状。

空手时明明可以轻松地挥舞小手，拿着玩具就不能再挥动的话，就说明玩具重了。

请准备各种**重量、大小存在微小差别的玩具**。即使不花钱买市面上的玩具，只要用心，就可以利用身边的东西制作合适的玩具。

开动脑筋，给宝宝合适的玩具练习抓握

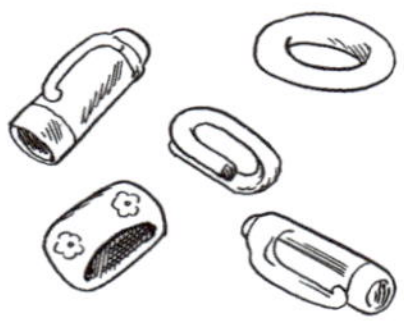

为了让宝宝用五根手指牢牢地握住，通过妈妈的手指包住宝宝的手指进行练习

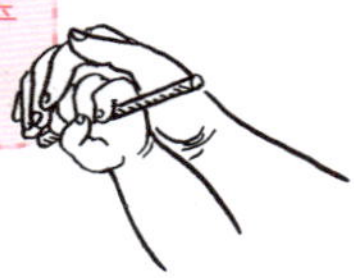

如果宝宝放开玩具，请过一会儿再次拿给他，因为宝宝即使自己想拿，也没有能力主动去拿。不过，如果这一次比之前更快地放开玩具的话，就请终止游戏。

★用手握物件，是用手的最为基本的动作。婴儿会**依照“握住—放开”“抓起—放下”的顺序**逐步掌握。

13 趴伏动作出生后就可进行——做时要充分注意

宝宝一旦养成了一天中数次趴着的习惯，脖子就会很快挺起来。让宝宝趴着时，要**让床垫稍硬一些**。脖子尚未完全挺起来的宝宝头还不能自如地动，所以趴着的时候，鼻子可能会紧紧贴到床铺上而无法呼吸。

宝宝趴着的时候，请千万留意他是否可以用鼻子通畅地呼吸

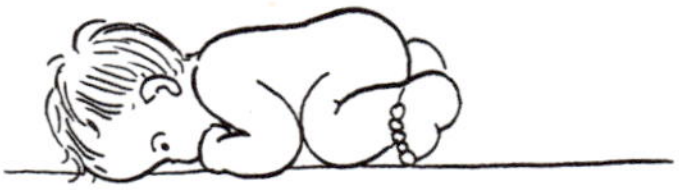

所以，**请务必记住，一定让宝宝的脸朝向一边**。

刚出生的婴儿也可以趴着。在脐带未掉时，也许是因为看起来感到疼痛，一般都会让婴儿躺着。但是，请从宝宝出生起就要让他一天中趴 1~2 次。这时，请务必记住：要确认宝宝**不是在用嘴呼吸，而是在用鼻子呼吸**。因此，要让宝宝趴在硬床上，如果趴在软软的被子上，宝宝的脸就有可能埋到被子中，容易导致呼吸不畅。婴儿都有大大的额头、扁扁的鼻子，在硬硬的床上，即使脸不转向旁边，也会留下空隙呼吸。

这一时期的婴儿身体都是蜷成一团，趴着时不必让他

因为宝宝后背蜷曲，请给他按摩，让其后背和手脚伸展开

舒展身体。蜷曲成一团的状态是没有问题的，比如胳膊弯曲着放在肩膀处，但是不能让宝宝一边的胳膊伸展，而另一边的蜷曲，因为婴儿还不会按照自己的意志转动身体，所以要让他保持肢体对称。

宝宝经常满脸通红地憋气用力，这并不是喘不上气来。妈妈要静静地观察宝宝的鼻子和嘴，只要他呼吸没问题，就安静地看着吧。

请妈妈也趴下，和宝宝面对面，**稍稍用力地**慢慢按摩他的后背。

有时候，宝宝会突然动一下头。宝宝的头能抬起来，是因为他的后背渐渐能伸直了。在手、脚、后背都向内侧弯曲期间，要确保婴儿是在正常呼吸，所以请慢慢地把宝宝的后背和手、脚都伸展开，一边按摩一边注意观察。

宝宝后背弓起时，如果头突然稍稍动了一下，改变了朝向，请立刻确认宝宝是否呼吸不通畅了。

★ 停止呼吸仅 10 秒左右就会引起大脑出现缺氧状态。

出生后即大脑缺氧的话，就会产生不可挽回的后果，请务必注意。

14 出现迷路反射时，即可保持俯卧姿势
——强化迷路反射

初次俯卧，要在宝宝身心状态俱佳时进行，比如刚洗完澡的时候，时间在**一分钟以内**最为理想。

请试着观察一下宝宝脸朝向左右两边趴着的时间。脸或头歪了的宝宝，**面向突出一侧的次数和时间要多一些**。不要指望让宝宝只朝向一个方向，就能很快地进行矫正。头歪或脸歪是在几个月内发生的，所以矫正也需要花几个月时间，请耐心坚持。

在床垫上铺上柔软的毛巾，先让宝宝光着小屁股躺着，仔细观察他的姿势。宝宝的手脚通常会蜷成一团。

首先，让宝宝的头朝向一边。脸对着一侧的手伸展的话，相反一侧的手就会弯向手肘（这是内耳的迷路——前庭感受器受到刺激所引发的**“迷路反射”**）；接下来，让宝宝的脸朝向另外一侧，伸着的手就会弯曲，弯着的手就会伸展。请让宝宝在妈妈的帮助下尽快掌握这个动作。不久，宝宝的手脚就能轻松地活动，配合着脸的朝向做出动作。

不过，也有的宝宝学不会这种姿势。这时，让宝宝保持蜷曲的姿势，轻轻按压他的后背，托起他的小屁股，让宝宝趴下，转动头部，使脸朝向一侧。

让婴儿的脸朝向一侧，同一侧的手就会伸展，另一侧则会向肘部弯曲。这就是“迷路反射”

之后，让宝宝的胳膊在胸部保持弯曲，观察片刻。哪怕宝宝有一点想要伸胳膊的迹象，就请先尽量把胳膊向腋下的方向移动，别让他的左右手在胸前交叉。如果胳膊没有要动的迹象，第一天就让宝宝牢牢地记住这个姿势。第二天，首先让他用前一天的姿势趴下，当宝宝脸相反一侧的胳膊开始慢慢伸展时，稍微帮他一下，就让宝宝这样趴着，脸相反一侧的手自然伸展开后，把伸展的胳膊再次放到胸前弯曲，两手都放到胸部两侧，让脸朝向另一侧，然后观察胳膊的位置。

如果宝宝可以轻轻改变脸的朝向，就让他身体也转动来改变脸的朝向。首先，抱起宝宝的小屁股，**让他的小屁股作为转动的中心**，两手都放在胸部两侧，脸朝侧面。稍微按压他的后背，让宝宝趴下或躺下。

让婴儿趴着，把脸朝向相反一侧的手伸展、弯曲，再让他的脸朝向另一侧

一边留意让婴儿保持呼吸顺畅，一边轻轻按压他的小屁股和大腿，按摩他的后背，来帮他活动手脚

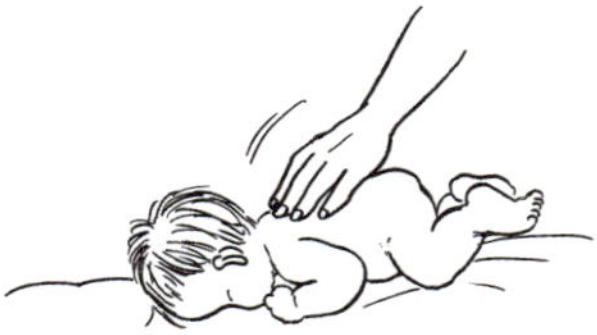

这时，**妈妈要好好地盯着宝宝的鼻子，让宝宝的脸朝向一侧，以便低头时可以快速呼吸。**

即使掌握了这种**旋转式转换方向**的方法，如果宝宝还是保持原来的姿势，手脚没有要动的迹象，就不要再进行下面的动作了。请保持耐心，花几天时间去训练。

如果宝宝手脚勉强能够活动，姿势逐渐接近安定，就让其双手位置相同，把双肩向小拳头的位置移动，并稍微向下按压他的小屁股。

同时按压宝宝的大腿，揉搓他的脊柱，让其伸直。**注意动作不能粗暴。请务必观察宝宝的鼻子，确保其呼吸通畅。**同时帮助宝宝活动手脚。

这个姿势看起来有些痛苦，但是宝宝的表情并无变化。**虽然实际上这并不会让宝宝感到痛苦，但如果妈妈动作粗暴，宝宝还是会不喜欢。**宝宝露出讨厌的神情需要花些时间，但不同宝宝的情况各不相同。

像睡醒了午觉弓起背做拉伸动作的猫咪一样，宝宝也伸展腿和背并抬起头

⑮ 注意别让宝宝翻身——准备四足姿势

婴儿能以俯卧的姿势微微活动头的话，后背就能慢慢伸展开了。此前一直朝向身体中间和胸部的手脚开始渐渐向外侧伸展。

这时，当宝宝俯卧，手就会向着床垫用力，使身体上挺。请一点点揉搓宝宝的腿和后背，让他大腿蹬着床。

即使宝宝的头已经可以抬得很高了，也有可能会突然低下来。所以，请**在与宝宝的脸接触的地方铺上一块毛巾，以降低冲击力**。

宝宝会抬头后，在他脸下面放一块毛巾

宝宝抬起头时，可以稍微用力按压其背部，但不要让宝宝的胸部过分前突，所以不能用力过猛。

对于婴儿来说，它的头是比较重的，如果未达到充分挺胸、跟床垫成直角的状态，就无法完成翻身的动作。在此之前，如果宝宝在某些外力帮助下可以翻身的话，请一定要多加注意，这是因为宝宝的脖子还不能结实地挺起来，翻身时无法以自己的意志控制脸的位置。

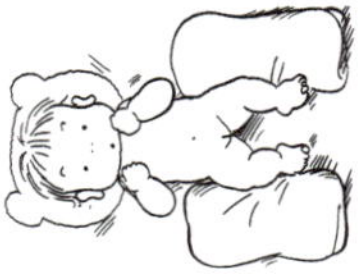

在宝宝腰两边放置枕头等屏障，防止他翻身

宝宝在妈妈看不到时翻身的话，就有可能出现危险。所以**请在宝宝的腰部放置枕头等屏障，以防止他乱动，并训练宝宝尽快挺起胸脯**。

以俯卧姿势练习抬头，可以促使宝宝身体其他部位的肌肉相互配合活动。伸展宝宝的腿部，把他的胳膊置于腋下（妈妈做俯卧撑状，以确认把手放在何处胸部较容易挺起，请尽量采取恰当的姿势），帮助宝宝更容易地挺起胸膛，尽快抬起头。

宝宝的头突然一动的话，请立刻确认他的脸是否处于可以呼吸的位置，确保宝宝呼吸顺畅。

妈妈最好先亲自尝试一下俯卧时怎样才轻松、怎么做才易于翻身，再来调节宝宝手脚的位置等，促使他做出动作。

一旦宝宝呼吸受阻，就容易导致大脑供氧不足，所以一定要注意**确保其呼吸顺畅**。

★利用抬头反射伸展宝宝的手脚，帮助他完成四足站立的姿势。

妈妈俯卧，亲自尝试怎样做才轻松

16 请让宝宝自己用奶瓶喝奶吧——告诉宝宝外面的世界

奶水充足的妈妈，只要心里想要给宝宝喂奶，肿胀的乳房就会一阵阵地疼痛，乳汁就会冒出来。

育儿是令人愉悦的，幸福的妈妈的乳汁时刻在追寻着宝宝的嘴唇，而宝宝则有着敏锐的感觉，与其他任何东西相比，宝宝能更快地感知妈妈温暖的身体和乳汁的香味。

把宝宝抱起来喂奶时，闻到乳汁散发的香味，宝宝的小嘴就会吧嗒吧嗒地动。当宝宝的嘴唇为乳房着迷时，口中就会分泌大量唾液以增进食欲。

看到仅仅因为意识到孩子饿了就涌出来的乳汁，我才明白，母乳不仅对于孩子来说非常重要，**对于妈妈来说也是"培养育儿感"所不可或缺的**。

我用母乳喂养宝宝，实际上也是为了自己。给宝宝哺乳很快就会让妈妈忘记涨奶的不适，绝不是痛苦的事。

母乳可以"培养育儿感"，对妈妈来说也很重要

但是，通常妈妈体会到这种喜悦的时候，母乳因其中所含的营养成分减少，已经不再是最适合宝宝成长的食品了，这时候，除了母乳，还需要让宝宝摄入其他食物。还有的宝宝食欲旺盛，只吃妈妈的乳汁可能无法饱腹，这时就必须添加牛奶或半流质辅食了。

经常听人说“把宝宝抱起来喂牛奶吧”，但我认为没有必要一定抱起来喂。如果牛奶是作为母乳的补充，就让他自己喝吧。

如果宝宝可以自己拿住奶瓶，就请让他自己拿。虽然可能出现手一松，牛奶溢出来滴落在鼻孔或脖子上等令他不快的情况，也可能想喝时没拿稳，奶瓶不知掉到哪里去了，但是别担心，让他自己练习吧。

有的宝宝非常讨厌喝奶瓶里的牛奶，也有的宝宝可以好好地用双手抱住奶瓶心满意足地喝。如果是前者，可以用吸管、勺子、杯子等让宝宝喝；后者的话，他自己已经在拼命地喝了，就让他自己喝吧。

如果妈妈常采用抱起来喂奶的方式，当宝宝开始主动吮吸靠近嘴边的东西时，每次妈妈把他抱起来，他就会明白：“可以喝到好喝的喽。”

有时候宝宝的哭声也许只是告诉妈妈自己肚子饿了，不久他就会因为乳汁的温暖、乳房的香味变得想要喝奶，显现出一副“快点给我喝”的表情，还会晃动手脚催促妈妈。这时，**请让宝宝自己喝牛奶，妈妈在一旁安静地看着，或者只稍微帮一点小忙。**

宝宝经历几次失败——牛奶滴入鼻子、眼睛，不知道奶瓶掉到什么地方等——就可以独立体会到很多：妈妈的宝贵、进食的困难、品尝食物的方法、口感的复杂等等。

★自己喝牛奶，感知各种外界事物，对婴儿来说也是重要的学习。

对于婴儿来说，自己喝牛奶是重要的学习

17 模仿宝宝的第一次发音

——利用“纸箱育儿法”跟宝宝共享同一个世界

说起发声，曾经只能发出哭声的宝宝，会逐渐把自己吸进去的空气一点点放出来，发出“扑哧扑哧”“咕咕”的声音。宝宝心情好的时候，就会自己发出声音玩耍。

这一时期，宝宝有时会发出没有任何意义的声音。他并不是在呼叫妈妈，**请妈妈不要出声回应，只需安静地看着，直到宝宝明白这是自己发出的声音**。这一过程需要一些时间。

当宝宝安静下来后，妈妈就靠近宝宝的脸颊，**在他的耳边轻轻地、缓慢地重复他刚才的声音，让宝宝感受到自己的气息**，就像在面颊或耳边吹气一样。

宝宝不再出声后，就模仿他的声音

开始时，因为宝宝不知道自己的声音是这样的，会被吓到，有时甚至会被吓哭。这时，请妈妈拥抱宝宝、轻轻地**呼唤宝宝的名字，让他感受到妈妈身体的温暖**，利用 **C 纤维爱抚系统**（参见第 6 页）安抚宝宝。为了让 C 纤维爱抚系统充分发挥作用，妈妈最好让皮肤直接接触宝宝，这样就可以让宝宝明白，刚才的奇怪声音是自己发出的，不可以那样用力发音。

如果宝宝能够一边活动手脚一边发出“哇哇”的声音，

就说明他已经可以很好地控制声音了，这时就可以跟他对话了。

这时，宝宝仍会说一些没有具体含义的词语，但这时妈妈就要正确地回应了，请让宝宝看着自己的脸，说**“是吗，很开心吧”“什么啊”“还没有尿尿吗”**等简短的话语。即使离得比较远，也要站在宝宝可以听到的位置告诉他**“妈妈去晒衣服啊”“马上就结束啦”**等。

我把宝宝放入跟他大小差不多的**大纸箱**里，带到浴室、厨房等的入口处，经常让他听洗衣服的声音、做饭的声音，跟他讲话，**一刻也不跟宝宝分开**。这种育儿方法，一直持续到宝宝可以独自坐着玩耍的时候。

轻缓地、持续地给予富于变化的刺激，宝宝就不再对巨大的噪声、大的声响感到吃惊，也基本不哭了。而且，

把宝宝放到纸箱里，放在妈妈可以看到的地方

如果宝宝老老实实地看着妈妈洗衣服、打扫卫生等，当某一项工作结束后，就抱起他，轻抚他的后背，告诉他“接下来要在外面晾衣服喽”，然后再把他放到箱子里抱到外面，这样也可以让宝宝享受日光浴。

这样一来，**这个纸箱就成为了快乐的箱子**。把宝宝放入纸箱中，让他满怀期待，情绪高涨。但是，不能因为宝宝情绪好，妈妈就**留下他一个人，自己远远地离开**。

对于宝宝来说，这个纸箱可以**培养他和妈妈共同生活的意识**。可以训练宝宝对别人做的事情产生兴趣，学会**安静地等待**。

如果宝宝中途哭起来，就要找一下原因。因为宝宝就在附近，妈妈应该能及时发现来自外界的异常刺激，如光线刺眼、纸箱底部凉、听到了巨大声响等。弄清原因后，

就要对症处置。如果宝宝因为无聊而哭起来，就把他从纸箱中抱起来，放到床上，暂且不理。

这样，宝宝就会明白，**妈妈工作时必须自己想办法排解无聊**，也懂得了纸箱里是看妈妈做事情的快乐场所。

也有的宝宝喜欢待在可以独自玩耍的地方，被放到纸箱里时会表现出厌恶情绪，这时，就要对他**进行集中精力延长自己游戏时间的训练**。

在宝宝对待在妈妈附近的纸箱中感到满足期间，请让他随时看到妈妈的动作。

★宝宝独立的个性就这样萌芽。宝宝醒着时，通过与他**共享同一个世界、互相模仿**，来拓展宝宝的世界。

★浴室体操

宝宝逐渐习惯以后，就让他泡澡吧。至少一天要泡一次。泡澡不仅可以让身体保持清洁，把全身浸入温暖的热水中，**心情也会随之焕然一新，可以适应生活中休息和活动的节奏。**

一般来说，健康的宝宝都很喜欢泡澡。但是，对于尚不熟练的妈妈来说，给宝宝洗澡是一项艰巨的工作。

泡澡时哪怕有一点儿失败，宝宝就有可能变成不喜欢洗澡的爱哭鬼。战战兢兢抱着的话，有可能因为宝宝意想不到的动作而失手把宝宝掉在地上。请一定牢牢记住，光屁股的宝宝是很爱动的。把宝宝按住不准动去洗澡的话，就有可能发生各种难以预料的情况。

把宝宝放到浴缸里时，请把一侧的手轻轻放到他脖子后面，用手指遮住他两边的耳孔，小手指弯曲放在他下巴处。同时，妈妈的手还要尽量伸展，让宝宝更深地浸入水中，深度以宝宝的下巴浸入水中为宜。

妈妈的身体和宝宝的身体尽量不要接触到。

浴室体操的步骤

一侧的手掌放在宝宝脖子后面，遮住他的两个耳孔，把他浸入水中，直到下巴处

妈妈双手托住宝宝的下颌，伸展手臂，宝宝就会在热水中自由地活动手脚

宝宝受到惊吓而哭泣时，马上强有力地拥抱他，温柔地跟他说话，贴住、磨蹭他的小脸。
这样宝宝可以产生对妈妈的信赖感，从而成长为天真纯朴的孩子

如果只用一只手不放心的话，可以轻轻地把另一只手放到宝宝的下巴处，让他的手脚在热水中自由活动。宝宝活动手脚，看起来就像在站着游泳。事实上，即使不会站的宝宝，在这种状态下，也会游泳。在热水中，手脚都变得更加轻盈，容易活动。这时，如果不把宝宝放到几乎可以喝到水的程度，他还会不开心呢。

虽然说宝宝在热水中会变得轻盈，但是着力点都放在了脖子、耳朵等妈妈所抱着的地方，看起来不太舒服。

宝宝习惯以后，就可以不用在意着力点了。只要手指不离开宝宝的下巴处，就不会有危险。

爱上泡澡的宝宝，什么都不用担心，手脚只需反射性活动，看起来就好像在游泳一样，像仰泳呀狗刨之类的。如果妈妈不伸长手臂，宝宝的手脚就会碰到妈妈的身体。

有时候，我把宝宝放进狭小浴缸的热水中，自己仅把脚放进去站在里面。

只轻轻按一按宝宝的下颌，他就会看起很开心，宝宝已经喜欢上洗澡了。这种时候，他稍微喝一点热水也没有关系。

即使是喜欢上洗澡的宝宝，有时候也会因为吃惊而哭泣。有些在成人看来不值一提的事，对于婴儿来说也是强烈的刺激。例如，纱布内衣因为出汗粘在身上，本来想要轻轻地脱掉，宝宝却因此而满脸通红，愁眉苦脸。这时候，如果妈妈的动作有些粗鲁，导致宝宝嘴里面进了水，妈妈一边惊叫着，一边赶紧把宝宝抱起来，宝宝就会手脚乱挥乱蹬，后背挺直，全身僵硬。

宝宝痉挛时，如果不及早应对，就会导致他哭个不停，变得讨厌洗澡。如果这样的话，以后再脱衣服时，只要是纱布内衣，宝宝就会哭，一冲水就开始哭。

任何时候，只要宝宝感到吃惊，就要立即停止动作，紧紧地拥抱他，通过刺激神经给宝宝快感。

一边温柔地说**“没关系，有妈妈呢”**，一边把自己的脸贴在宝宝的小脸上。即使因为强烈刺激而受到惊吓，只要马上给他受到保护的安全感，宝宝就可以产生对母亲的信赖，从而逐渐成长为一个**天真纯朴的孩子**。

如果处置不及时，错过抱紧宝宝的时机，他就会由吃惊衍生出“恐惧”的感觉。这种感觉，应该让宝宝再长大些才去体会。

★根据阿基米德原理，身体在水中比在空气中更轻。所以在浴缸里的婴儿，会反射性地活动手脚。

把宝宝放到浴缸里，就是要**让宝宝体会入浴的愉悦，创造生活节奏，让宝宝在水中轻轻活动手脚，有助于他们学会在空气中活动手脚。**

★尿片体操

换尿片，不仅是要把沾有大小便、令宝宝不舒服的尿片换成干净的、舒服的新尿片，这一过程还可以让宝宝养成良好的排便习惯。同时，因为不穿尿片时手脚更容易活动，还有助于他学习按照自己的意志活动手脚。

尿片体操根据身体和大脑的发育分为三个阶段，难度逐渐增大。

第一阶段，教会宝宝“喜欢让人心情舒畅的新尿片”和“讨厌脏的尿片”。

第二阶段，教会宝宝配合妈妈的刺激伸展手脚。

第三阶段，教会宝宝配合刺激弯曲手脚，并保持状态。

这样，宝宝即使受到刺激，也可以逐渐按照自身的意志活动手脚。尿片体操中对于腿的训练要早于对手的训练。

第1阶段 教会宝宝“喜欢让人心情舒畅的新尿片”

应该每天都会换很多次尿片吧。即使是刚出生的婴儿，每天至少也要换10次。**换尿片的时间，正是不可多得的进行尿片体操的时间**。

首先，让宝宝仰卧，妈妈正面朝向宝宝，在宝宝的脚边坐下。**请一定不要错开**。不能采取扭曲、懒散的坐姿。如果妈妈以懒散的姿势让宝宝做体操的话，换尿片的动作就会迟钝、缓慢、草率。

取下脏尿片后，把一片新的尿片铺到宝宝屁股下面，就可以开始了。

两手静静地握住宝宝大腿靠近膝盖处，稍稍抬起来。**绝不能像换尿片时那样抓住宝宝的脚脖子**。握住宝宝的大腿时，无须太用力。

然后，手放开宝宝抬起来的大腿。一般来说，这时宝宝的膝盖就会瘫软倒向旁边。婴儿很难靠自己的力量伸展腿，他们的两胯向左右两边分开落下，或者两腿同时倒向任意一边。请留意宝宝胯分开的情形，若左右分开方式不同的话，有可能是髋关节异常。

接下来，稍稍展开宝宝的胯部，同样不可以太用力。在宝宝可以凭借自己的力量伸腿之前，不能太用力。让宝宝保持胯部展开的姿势，妈妈可以一边做，一边数 1，2，3。

此时也请注意，如第 64 页图所示用力后，胯的展开方法有无左右不同。不过，即便略有不同，也不要马上就慌慌张张地去看医生。

第一阶段的体操仅此而已。

第一步，提起膝盖一次，展开胯部一次就可以了。结束这一步骤后，就可以穿上尿片了。

但是，尿片体操并没有就此结束。结束时一边说“太舒服啦，太舒服啦♪”“好舒服哦♪”，一边隔着尿片和衣服从腰部自上而下按摩到脚踝。按摩的感觉好像轻轻按压一样，请随时调节力度，要缓慢地进行。以约 3 厘米 / 秒的速度最为恰当，太慢或太快都会抑制快感的产生。

第一阶段的尿片体操还称不上是真正的体操，目的在于让宝宝尽快明白：尿片弄脏时要表达出不舒服的心情。

给宝宝按摩全身的做法是从我祖母那一代流传下来的。祖母在给孙辈更换尿片时，会一边按摩一边哄逗宝宝说**“变干净，骑锦桥”**。

第一阶段的尿片体操，建议第一天做一次，第二天做两次，第三天做三次，次数逐渐增加，不要一下子增加太多，因为一天中要换很多次，而每次都可以进行这个体操，所以，如果次数增加太快，就会导致宝宝运动过剩。

宝宝随着由上而下的按摩而兴奋起来的话，就可以结束第一阶段，进入下一阶段了（第二阶段→参见第 67 页）。

请不要让宝宝认为妈妈在让自己做体操，而**要强调换好尿片后的心情，把其定位于让宝宝明白尿片弄脏了会不舒服的体操**。

顺便也请给宝宝自上而下按摩一下手腕吧。

换尿片时，按摩胳膊、按摩腿，并让四肢伸展，确认宝宝的表情是否看起来愉悦。宝宝开始自己用力、伸展手脚使劲的话，尿片体操就可以进入第二阶段了。

尿片体操（第一阶段）

← ① 让宝宝仰卧，正对宝宝坐下

↓ ② 双手握住宝宝大腿靠近膝盖处，提起

↓ ④ 分开宝宝胯部。自然分开，让宝宝依靠自身力量伸展

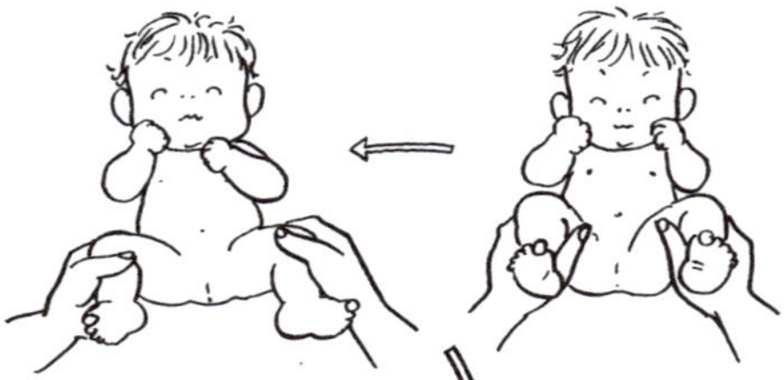

← ③ 提起之后，双手离开，宝宝双膝无力地倒向旁边

⑤ 松开双手

⑥ 一边对宝宝说“好舒服呀”一边从腰部按摩到脚踝

按照第一天 1 次，第二天 2 次，之后每天持续 1~3 次的频率进行，宝宝逐渐就会自己主动伸展手脚了。

第2阶段 教会宝宝配合妈妈给予的刺激伸展四肢

妈妈揉搓宝宝的四肢，宝宝配合着伸展手脚时，脖子就渐渐挺起来了，仰卧时也不会蜷成一团，而是手脚伸展变成一个“大”字形，虽然稍微碰一下还是会向前屈，但已经开始学着坐了。

那么，开始真正的尿片体操吧！

妈妈为宝宝揉搓四肢时，如果宝宝配合着伸展手脚的话，就可以一条腿一条腿地依次进行运动了。

让宝宝仰卧，把手放在他的大腿处，从旁边向上推到臀部，就好像相扑选手踏脚的姿势。

如此一两次之后，接下来就可以从旁边握住腿，缓慢弯曲所有关节（髋关节、膝关节、踝关节）。同时，请有节奏地发出“一，二，一，二”或“嘿哟，嘿哟”等号令。请注意，对于同一个动作，请发出相同的号令。

让宝宝屈腿时请用力深深弯曲，伸展动作尽量让宝宝靠自身的意志进行，仅稍稍帮他一下就可以了。接下来就像等待他自己伸展一样，一点点从大腿处往下按摩，让宝宝有意识地伸腿。

开始时宝宝的腿总是保持弯曲状态，很难伸展开来。在第一阶段中，如果宝宝已经很好地体会到伸展状态的舒畅感，就会很快主动伸腿。一般来说，宝宝会保持双腿弯曲的状态，如果妈妈不帮助拉伸就不会伸展开。这时，请务必注意不要一下子用力过猛。请以不是拉伸腿，而是拉伸宝宝意志的心态，一点点缓慢进行。

在这一阶段的体操中，让宝宝腿弯曲的是妈妈，让腿伸直的是宝宝自己。如果两个人相互配合，动作富有韵律，即使在弯曲状态下松开手，宝宝也可以随着指令伸展双腿。

妈妈用手掌接住宝宝自行伸展开的腿。一般宝宝会伸到高于床垫的位置，所以请接住后握住宝宝的腿放到床垫上，然后再一下子抬起，让腿弯曲。

开始做体操时双腿同时进行，再逐渐过渡到一条腿一条腿地交替训练。只要稍稍按压，宝宝不久就能学会跟着指令弯曲。

然后，尽量拉低宝宝伸展的腿，请以接近直立的姿势，让宝宝进行腿部时而弯曲时而伸展的运动。

手部体操也以同样的模式进行。

把宝宝的手臂弯曲至肩膀处，向旁边伸展，在肘关节处稍微抬高，就伸展开了。不想伸展时，就按照腿部运动的做法去做。此时请注意，不要让宝宝的手悬在空中。

换尿片时，伸展宝宝的手脚进行按摩的话，他就会配合着伸展。边换尿片边让宝宝弯曲、伸展脚踝，宝宝就不会有抵触情绪了。

请握住宝宝的脚踝，首先左右同时弯曲、伸展，然后交替“一，二”地运动。反复练习，再这样发出指令的时候，宝宝就会依靠自己的力量伸展了，需要妈妈的帮助就会越来越少。

当轻轻按压脚心宝宝就能做出弯曲的动作，也不再需要握住脚踝用力按压、拉伸时，按压的位置就可以从脚心移到脚尖。从脚趾根部用力按到脚尖处，如果宝宝能自己用力踢妈妈的手掌就太棒了。

当宝宝的腿能够交替弯曲、伸展后，就可以进行手部训练了。

让宝宝握住妈妈一只手的小手指。如果握的力量很强的话，就把他拎起来，直到身体即将离开床铺、后背贴着床的程度。

如果不放心，可以拉住宝宝握着自己的手拉起他，另一只手垫在他后背下面。一边估量宝宝后背重量的减轻程度一边向上拉，当宝宝后背的重量几乎都集中在了你手上的时候，就可以停止了。

不能只用眼睛看，就判断宝宝是否被拉起来了。

一定要一边调节提起宝宝的手的力度，一边用手掌和手指的力量慢慢把宝宝提起来。要缓慢地多次尝试，直到让宝宝的上半身和床铺大约成直角。

这个过程也需要左右两侧分别缓慢进行。当两只手都可以很好地把宝宝提上来后，就可以放开肩膀下的手，让宝宝握住自己的双手。此前让宝宝先握住自己的一只手，是因为需要防止他可能会突然松开手指。

接下来就要双手同时进行了。但此时宝宝也会突然张开手掌，所以请妈妈让宝宝拉住食指，并从上面用拇指压住。

宝宝的手肘开始时只是时而弯曲时而伸展，此时已经可以牢牢地握住了，但请不要急着做下一步的训练。每次换尿片时一点点进行，只要完成整个步骤即可。切忌急躁。

因为，此时让宝宝锻炼的不是可以支撑自己上半身的腕力，而是握力。有了足够的握力，就能把宝宝拉高至后背抬起，他很快就可以具备活动整个上半身的能力了。

开始阶段重要的是，无论是弯曲还是伸展，都要轻柔、缓慢、正确地进行，让宝宝能用全部的手指握住，并且要能长时间地握住。

这种拉伸、按压的“双人相扑”中，妈妈通过感知手上的力度，就会了解孩子哪只手或脚更加灵活。要尽量让宝宝多活动不灵活的手脚，加强训练，缩小左右差别。这是为了让宝宝长大以后可以从事自己想做的任何运动。

腿部训练中重要的是宝宝对妈妈的诱导做出反应。所以如果他能够自己伸展，只需要轻轻按压脚底就会弯曲，不碰触的话，他的腿是不会弯曲的。

宝宝有进步的话，就可以渐渐减少刺激。较早掌握这种腿部运动，就会更快地成长为热爱运动的宝宝。

当只需稍稍按压宝宝就可以弯曲腿部后，就可以在较弱的刺激下进行伸展训练了：从大腿外侧向下，用食指轻轻碰触，再轻轻拉伸脚踝。持续数次后（每次换尿片时进行 2~3 次），按压宝宝的脚底，腿就弯曲；按摩大腿外侧，腿就伸展。只要给予“一，二，一，二”“好的，来伸展吧”“好的，来弯曲吧”等相同的指令，宝宝就会随之活动手脚。

请先开始腿部练习吧。

较快掌握尿片体操的宝宝，运动能力的发育就比较早。

请在每次换尿片时都练习几次。除两腿交替进行外，也请练习双腿同时进行。练习结束时，请一定记得要拉伸宝宝的双腿向下按摩。

尿片体操（第二阶段）

① 握住一侧大腿，向上提起并弯曲

② 松开手，尽量让宝宝依靠自己的力量伸展，稍稍给予辅助性拉伸

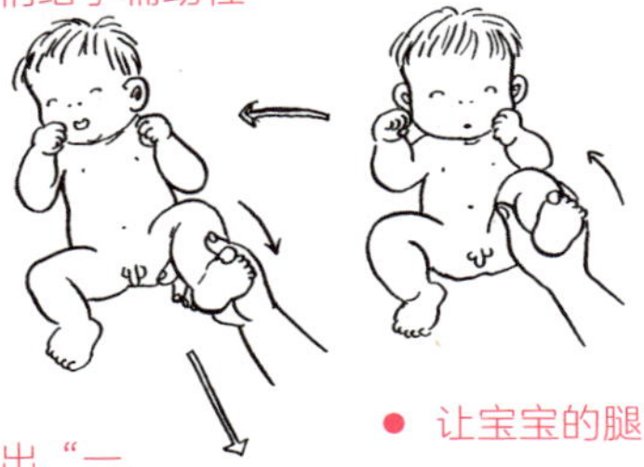

● 让宝宝的腿弯曲的是妈妈，让腿伸直的是宝宝，两人相互配合，富有韵律地进行

● 对于同一动作发出“一、二”等相同指令→

手部体操 1

① 将宝宝的双臂弯曲至肩膀处

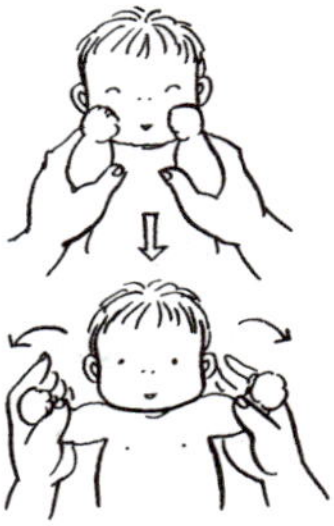

② 向两侧伸展。宝宝不主动伸展时，给予帮助

手部体操 2

① 让宝宝握住一侧的小手指，把他的身体提高至即将离开床铺

② 让宝宝握住一侧的小手指，徐徐放下

第3阶段 教会宝宝配合刺激弯曲手脚，保持同一姿势

当妈妈帮助宝宝即使松开手，宝宝的身体也不向前蜷曲的时候，他就能够坐住了。这个时候，因为关节尚不稳定，宝宝的身体还很柔软，他们甚至可以弯曲至对折，能够把脚丫放到嘴巴里。

在这一时期，能够很好地配合进行尿片体操（第二阶段）的宝宝，就可以进入第三阶段的练习了。

以前，宝宝的胯部向两边张开，可以弯曲到肚子附近，现在膝盖能够稍微并拢了，腿也可以弯得幅度更大。

由于该动作会压迫腹部，请于餐后一个小时以后再进行。稍微空腹时更利于身体活动。

做练习时，请给宝宝穿上尿片，光着屁股做的话，在活动身体时，可能会突然尿尿哦。一旦宝宝记住了这种快感，妈妈可就麻烦大喽，妈妈也会因为这个意外而不得不中断体操。要让宝宝体会活动身体的乐趣。

让宝宝弯曲身体，直到看到自己的脚趾。请按照顺序一边说一边触摸宝宝的大脚趾、二脚趾等。

我一边说**“大脚趾你好，二脚趾你好”**一边用指尖轻轻活动宝宝的脚趾。

那时，如果宝宝想抓起自己的脚，就帮一下忙。让宝宝碰触到全部脚趾。之后再拉伸宝宝的身体，按摩全身。

接下来让宝宝用手握住自己的小脚。

首先用右手抓右脚，左手抓左脚，然后右手抓左脚，左手抓右脚。不需太用力，当宝宝可以轻松完成这一动作后，再让双手同时交叉抓住双脚，并保持一段时间。宝宝放开手时，脚能够扑通一声落下来，这一轻松的运动就可以停止了。

这一运动不必每次换尿片时都进行，每天 1~2 次即可。

在运动中要注意加强腰部和手部力量的锻炼，不自然的姿势如果能稍微坚持一下，将来就能进行更为复杂的运动。

但是，这样的练习也同样不会立即见效，需要每天坚持，重复练习。坚持的时间逐渐延长，当宝宝能够乐在其中，累了也能自己停止的话，就可以“毕业”啦。

比起同一侧的手抓同一侧的脚（右手抓右脚，左手抓左脚），让两手交叉握脚需要更强的力量，所以要作为体操进行练习。每次换尿片时都可以进行“同侧抓握”练习。

换尿片时，让宝宝自己拿起小脚、抬起小屁股，妈妈就更容易操作了。

把蜷曲的脊柱当作船底，让宝宝用手握住自己的脚左右摇摆。这是为了刺激宝宝耳朵深处的迷路，培育平衡感。

当轻轻戳左面脚底时左腿弯曲，碰触右面的大腿，右腿就伸直的话，宝宝很快就可以靠自己的意志活动腿了。

话虽如此，这一时期，比起自己的意愿，宝宝更多的是对妈妈给予的刺激产生反应。怀有巨大的期待进行深入教育是一个值得商榷的问题。因此，把这些仅当作换尿片时的一连串动作或许心情会更加轻松些。

把伸直的腿弯曲，对于婴儿来说很困难，因为弯曲需要很大的力气。只是稍微按压，宝宝的腿就可以弯曲的话，说明宝宝知道自己被碰到了，必须靠自己的意志弯曲。所以对于尚不习惯这一动作的宝宝来说是项艰巨的工作，因为这是需要接受按压后才能做到的高级技能。

当尿片体操练习达到这一程度时，宝宝就可以“毕业”了。此后，妈妈和宝宝会在各种游戏中进行更多快乐的运动。换尿片的次数逐渐减少，宝宝就会安静地配合。

我在给宝宝换尿片时，一定**一边轻轻地对宝宝说“快点换好，轻轻松松”，一边对宝宝的双腿进行按摩**。

★婴儿对刺激进行的回应分反射和反应两种。

对刺激产生的反射，是因为大脑中天生就有产生反射的构造。对刺激产生的反应，是因为学习把刺激和反应相关联，从而在大脑中产生了新的神经回路。

反射只要有天然的刺激就会产生，但是反应则是天生的反射和新的刺激相结合，只有二者之间的条件满足才会对新的刺激产生反应。

通过尿片体操，对皮肤的刺激或“一，二”的口令产生反应，并不是因为在皮肤刺激或口令中弯曲、伸直的反射，而是明白了刺激和反应之间的关系。

掌握了尿片体操的婴儿，就可以随意伸展弯曲手脚。

即使没有任何刺激也可以进行手脚的运动。

尿片体操（第三阶段）

抬腿运动 1

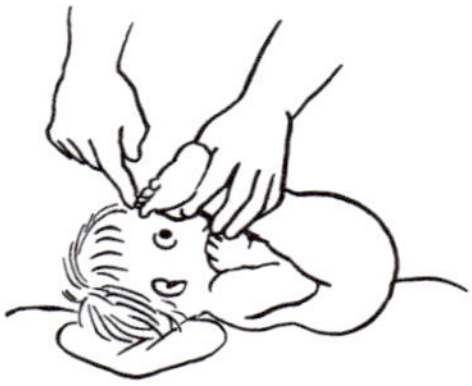

① 让宝宝弯曲身体，直到看到自己的脚趾。一边说“大脚趾你好，二脚趾你好”一边按顺序触摸 5 根脚趾给宝宝看。如果宝宝想要抓起自己的脚，就帮他做同样的动作

② 结束后，拉伸宝宝的身体，给他按摩全身

抬腿运动 2

③ 让宝宝右手抓左脚，左手抓右脚

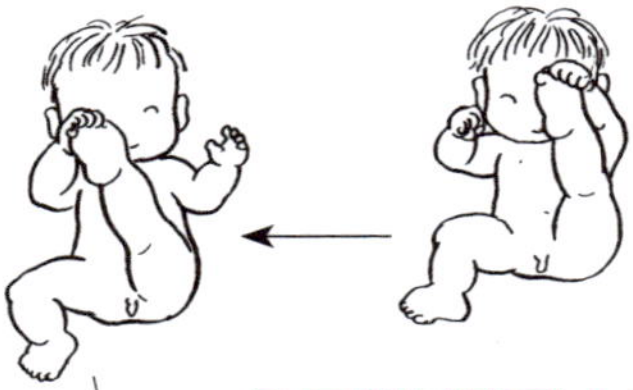

① 习惯抬腿运动 1 后，让宝宝左手抓左脚

② 让宝宝伸展左脚

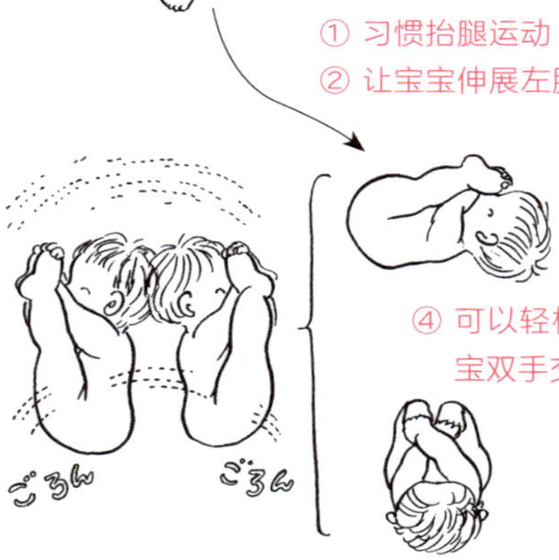

④ 可以轻松进行上述动作后，让宝宝双手交叉同时抓住双脚

⑤ 在这种状态下，把后背当作船底，让宝宝骨碌碌地左右摇摆，培养平衡感

第二阶段

颈部稳定期

——约一个半月至三个半月——

重点强健脖子和手脚

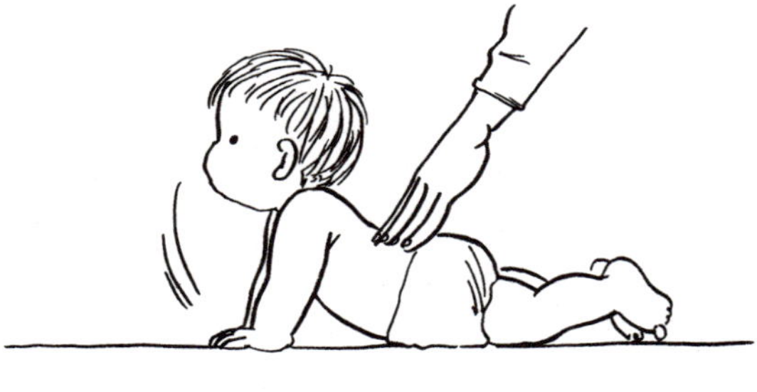

●强健脖子和手脚——发挥脑前额叶的作用

第二阶段（出生后一个半月至三个半月）为**“头部稳定期”**。婴儿天生的反射逐渐减少，自发性反应逐渐增多。

该阶段是**积极的“探索心”**萌芽的时期。婴儿不再像刚出生时那么娇弱，醒着时情绪很好，会一直笑眯眯地关注周围的环境，对生活中的声音产生反应，并尝试着用手抓取东西。同时，不仅对刺激产生反应，还能采取协调的行动来应对多重刺激。

在这一时期，宝宝脑内的神经细胞突起伸长，**频繁与其他神经细胞形成突触**。

但是，如果不给予刺激促使婴儿产生反应，即使神经细胞的突起有所伸长，由于突触未发生作用，仍无法形成神经回路，婴儿就无法对这一刺激进行反应，也无法对多重刺激采取协调反应的行动模式。

当婴儿能够很好地控制脖子，手脚活动也变得有力之后，就可以进入第三阶段了。

在第二阶段即将结束时，婴儿可以在俯卧状态下抬头向上略呈直角仰望 2~3 分钟，手脚可以强有力地啪啦啪啦地活动，也能够用力地踢腿了。

但此时婴儿还不能独立完成翻身的动作。

这一时期的目标是：让婴儿看周围的世界，听外界的声音，从而促使其脑前额叶活动，对周围的世界产生反应。

●哺乳的期待反应
——通过给予满足感来引发婴儿的“干劲”

宝宝在第一阶段，即反射期（出生至一个半月），当嘴唇接触到乳头时会条件反射地吸吮，乳汁出来就条件反射地喝。

宝宝的嘴唇接触到乳头，在这一刺激下产生吮吸的反射，口腔黏膜接触到乳汁便开始吮吸，产生“咽下反射”。

但是，进入第二阶段后，宝宝的情形就会发生变化。

在这个时期，当妈妈怀抱宝宝准备哺乳时，他就会停下手里的玩具，张开嘴巴，等待妈妈哺乳，当乳头接触到嘴唇时，宝宝就开始产生吮吸的反应。说明在此之前，他就已经预想着接触到乳头并准备做吮吸运动了。

妈妈用胳膊抱起的动作以及自己姿势的变化等刺激了宝宝，成为促使宝宝对吮吸运动进行预测的线索。

这一行为不断重复就会变得熟练，宝宝就可以通过特定的线索采取吮吸这一有效行动。随着越来越熟练，即使线索减少，他也能自然地等待进行吮吸运动。

例如，如果抱着哺乳时总是**同时说“吃饭时间到啦”**，只要听到“吃饭”这个声音，宝宝就会等待进行吮吸运动。

如此，脑前额叶发挥作用，帮助宝宝理解外界变化和自身反应的关系。

如果抱起而不进行哺乳的话，宝宝就不出现等待吮吸的反应，常常如此的话，宝宝甚至会忘掉已经记住的反应。

促使宝宝产生反应的特定**线索越多，效果会越好**。

若要让宝宝产生反应，理解自身与外界的关系，在其反应过后一定要给予他满足感（报酬）。这样，他才会形成一有线索就进行反应的“干劲儿”。

●宝宝的好奇心——通过注视物品理解外面的世界

出生一个月后，宝宝独自一人时会目不转睛地注视周围的物品，有时会专注地看一个小时而不哭不闹。他这是在通过注视慢慢地理解外面的世界。

出生两个月后，宝宝以自己的方式理解周围的事物时，就只会对之前未见过的新鲜事物产生兴趣。

宝宝对于新物品的兴趣不是因为它的性质（例如红色），而是物品本身，是这一物品与自己过去体验过的物品的联系。因此，即使是对同样的玩具，有的宝宝会产生兴趣，有的则完全不感兴趣。

对于无法与自己体验过的物品联系起来的新物品，婴儿是不感兴趣的。所以，让宝宝认识新物品时，必须给他与已有的体验或多或少有些联系，又有一些新鲜之处的物品（**半新鲜的物品**）。

●模仿——让宝宝积极模仿，扩展新天地

婴儿理解外面的世界并非仅靠凝视，对于外界的刺激，他们还会发出声音、用视线追随，用手抓取等。

例如，“啊啊”地跟宝宝搭话，开始时，他没什么反应，但重复几次之后，宝宝也会用相似的口型尝试，但有可能发不出声音，即使发出声音也并不是“啊啊”声。

对于宝宝发出的这种声音，**妈妈必须马上做出反应**，与宝宝互相模仿。这样，当妈妈不断地说出“啊啊，啊啊”时，逐渐地，宝宝也能正确地发出“啊啊，啊啊”声了。

因为宝宝模仿不了从未做过的事，请尽量让他用已经

掌握的动作进行模仿吧。并且，**宝宝通过模仿，还能够形成新的运动模式。这就是所谓的运动学习**。

宝宝理解周围的物品期间，如果没有看到新鲜物品就会感到无聊，变得只是呆呆地看，而不会进行积极的反应。这样一来，大脑的发育就会迟缓。因此必须不停地**给宝宝看“半新鲜的物品”，不断引起他的兴趣**。

每天让宝宝俯卧几次，不仅可以让他的脖子变得强壮，还有助于他认识周围更加丰富的世界。他会明白：同样的东西可以从不同的角度去观察、理解。

让宝宝照镜子也是一个好方法。虽然开始时宝宝还无法辨别出镜子里的人就是自己，但他也能明白镜子中所看到的影像，看起来会有所不同。

●多种感觉的结合——学会同时使用眼睛和耳朵

第一阶段（反射期）的婴儿，听到声音就会转动脖子，这表明他听到了声音，但在这个时期他还不会注意到声音的来源。

到了第二阶段（颈部稳定期），宝宝的脖子会转向声音的来源，并尝试用眼睛观察。这就表明他学会了**同时使用耳朵和眼睛**。妈妈一边说话一边靠近时，看到妈妈的身影，听到妈妈的声音，就能渐渐明白妈妈正在靠近。

宝宝通过用耳朵听、用眼睛看、用手触碰，来增加对外界的认知，渐渐认识复杂的世界。对于外界的“物”的知识开始慢慢加深。

这一时期，必须提供给宝宝有助于增加对外界认知的**玩具**。

宝宝的玩具，最好是抓握或摇晃时会发出声音的物品。**这时的玩具不需要很昂贵，只要能够促使宝宝同时使用手、眼、耳即可**。

第二阶段结束时，婴儿的颈部稳定后，请务必注意，怀抱婴儿或者让其坐椅子时不要突然倾斜。接下来，婴儿就进入了第三阶段。

● 凝视自己的手——心理活动的产生

出生后一个月，婴儿常会把自己的一只手放到眼前，但只不过是偶尔让手向脸的方向移动而已。

大约六周后，婴儿就开始注视自己的手。这一动作的次数逐渐增加，注视时间逐渐变长，并且会目不转睛地盯着手看。虽然宝宝还不会说话，但他会慢慢明白手是自己的，而非与自己不相干的。

注视手的行为，是有意识地使用手采取行动的基础，一般认为，这是**婴儿开始产生了心理活动和标志**。

颈部逐渐稳定，宝宝开始注视外界时，反射期就结束了，进入了颈部稳定期。

●能看到的世界——通过看的方向判断宝宝的哪只手更灵活

刚出生不久的婴儿视力发育还不够好，过一段时间才能看见东西。但是能看到的范围有限，视野在眼睛周围20~60厘米（上面、下面、左右、进深）范围内。同时，他也无法像成人一样用双眼同时注视。

为了让宝宝醒着的时候主动看东西，必须给予视觉刺激。**宝宝出生后3~4周就有了视力，这时就要开始尽量给予他视觉刺激**。这是为了让他有自主学习的概念，记住物品的形状，并注意到视觉刺激。

刚出生的宝宝仰卧醒来时，大多数都会往右看。这样的宝宝长大后，大部分都会右侧的手较为灵活，成为右撇子。

为了发现宝宝哪一侧的手较为灵活，需要**细心地观察他的反应**。

作为最初给予的人工视觉刺激，可以在宝宝喜欢看的距离处放置**给他喂奶的人的画像**。

可以把画像挂在宝宝仰卧时距离眼睛约 30 厘米处。宝宝并不能清晰地看到画像脸部的细节，因此只需大致描绘，要有眼睛、鼻子、嘴巴和睫毛即可。

开始时，只需把画挂在宝宝的脸上方，随着宝宝开始注意观察，就可以往右边或左边移动。当宝宝开始注视左、右两侧，就慢慢地移动画像，让他的目光追随画像移动。

除了画像以外，还可以多次改变宝宝仰卧的地方，以改变进入宝宝眼中的景象。

因为改变环境的次数是以宝宝是否有兴趣积极观察外界为条件的，如果兴趣浓厚，就可以增加移动婴儿床的次数。

请注意，无论是一天之内多次突然改变环境，还是有时变有时不变，都不利于宝宝的成长。

让宝宝一天做几次俯卧动作，可以训练颈部肌肉，可以

参见前述的训练动作。

抱着或者背着宝宝时也能进行上述训练，重要的是采用可以让宝宝看到外面世界的抱法和背法。

宝宝看到的世界会随着育儿方式的改变逐渐扩展，所以给予刺激的距离也要慢慢加大。

最近的脑科学研究发现，**“由自身意志控制的随意运动**[①]**，始于脑前额叶”**。

宝宝在第一阶段（反射期）的动作不经过脑前额叶，当反射开始变为动作的第二阶段（颈部稳定期），脑前额叶就开始发挥作用。

一切反应都是宝宝自己主动进行的随意运动，所以他的脑前额叶在发挥作用。

第二阶段（颈部稳定期）是开始训练宝宝脑前额叶的时期。

在这个阶段，宝宝由对所见、所闻的刺激迅速做出条件反射，逐步过渡到动作迟于所受到的刺激。

---

① 所谓“随意运动”，是指由人的主观意识控制和调节，具有一定目的和指向的运动。——译者注

成人对于刺激做出反应，迟于因刺激而进行随意运动时，是由脑前额叶对于应采取何种动作进行记忆而开始。这种保持到动作结束时的记忆，被称为“**工作记忆**”。若想要具备各种反应能力，必须得提高“工作记忆”的能力。

从第二阶段开始，为了提高脑前额叶的记忆能力，要进行“**不在，不在，啪——**”的游戏（参见第 98 页）。

即使在说“不在，不在”时不让宝宝看到妈妈的脸，如果宝宝没有记住妈妈的脸就在眼前，也没办法一起进行最后的一步“啪——”。因为这一记忆就**保存在婴儿的脑前额叶里**。

1 婴儿哭泣是不开心的表现——唯一的自我主张

当宝宝大声哭泣时不要慌张，宝宝有节奏地哭泣时也无须担心。

哭声响亮是生命力旺盛的表现，宝宝哭泣时，不要立即抱起来或者喂奶，首先应该分析哭泣的原因。根据哭泣方式的不同，分析一下他是不是饿了，或有什么不开心的事，是否感到尖锐的疼痛，或者是否受到了惊吓等。

如果是因为肚子饿了而哭，宝宝是不会大声哭个不停的，所以很快能找到原因。这时让他再哭一会儿也没关系。

一般来说，排除原因后，宝宝就会马上停止哭泣。但有时很难确定哭泣的原因，或者即使找到了原因，却因为采取的安慰方式并不得法而导致他仍旧哭个不停，甚至哭到嘴唇变色、呼吸困难。

宝宝有节奏地大声哭泣时，不必惊慌，首先寻找原因

因此，宝宝开始哭泣时，必须先尽快寻找原因，然后排除相关负面因素，试着让宝宝停止哭泣。**绝对不可采取一哭就抱，或一味给宝宝喂食物的方法止哭**。

我的长子两个月大时，有一次不停地大声哭泣，看起来非常不愉快，像是在边哭边说“快为我做点什么吧”。

我试着寻找所有可能的原因，甚至尝试对他全身进行按摩，也没有发现哪里有问题，没能找出他有什么地方疼痛或有什么令他不开心的，简直一筹莫展。

他哭了 20 分钟，哭得声音都哑了。束手无策的我越来越焦虑，不停地从头开始全身抚摸他，只是忽视了一处，就是脚趾。最终我发现，是自己做的袜子上的皮筋卡住了他的小脚趾，他是因为感到强烈的不舒服才大哭的。发现的时候，宝宝的小脚趾已经被卡得没有了血色，给他按摩才慢慢恢复了血色，终于不哭了。

哭泣的原因也许令人意外

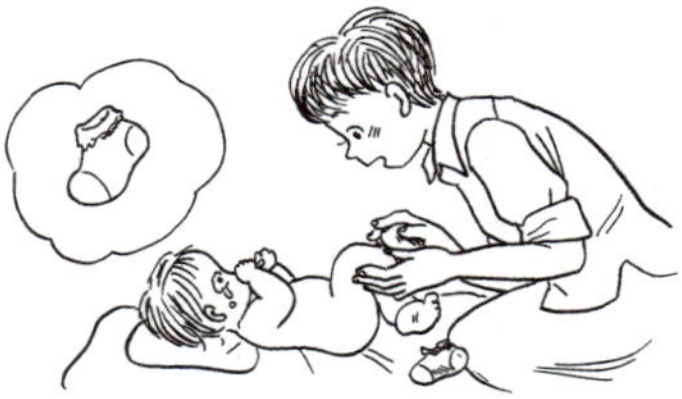

身心健康的宝宝，只要不是饿了，是不会经常哭的。受到了惊吓或换尿片的方法和平时不同，宝宝都可能会哭，但换好尿片、洗完澡后，应该就不会再哭了。

但是，如果换好尿片，或一洗澡就哭的话，一定是因为宝宝的头脑里留下了此刻不开心的深刻记忆。请好好回想，弄清他不开心的原因。

宝宝有时会因为“不愉快的记忆”而哭泣

找到原因后，可以先让他哭一会儿。

但请注意，除非能够判断除了哭泣再无他法，否则不要让宝宝一直哭下去。

认为“哭泣是婴儿的运动”而不去寻找原因任其哭泣，或者认为“哭累了自然就早睡”，而每天午睡前都任由宝宝哭泣等行为，都会延缓宝宝的发育。

比起通过哭泣让宝宝疲惫，请通过**让宝宝做尿片体操（详见第 62 页），或者通过手脚玩耍等充分活动身体的方式**

让其变疲惫。这样，感觉疲惫后**躺下就能入睡的宝宝情绪会更好**。

还不会说话的婴儿是“哭泣的动物”，他们只能通过哭泣来表达负面的情感和意志。哪怕是微不足道的原因也可能让他放声大哭。这时候，**能大声哭泣的婴儿是健康的**，仅仅因为想哭了而哭也没问题。

★婴儿只能通过哭来表达自己的意志。虽然哭的原因各种各样，数不胜数，但哭泣的种类很少。随着婴儿大脑的发育，哭泣的种类也会增加。

② 对不会哭的宝宝进行指导——“休息哭泣”的诀窍

有人认为“这个孩子哭的时候全身痉挛，嘴唇发青，看起来令人担心。所以不能任凭他哭，只要一哭就赶紧抱起来”“看起来心脏不太好，一哭就嘴唇发青”等，以至于在育儿时小心翼翼，不敢有半点闪失。

如果真的患有先天性心脏疾病，脸色发青的话，宝宝是不可能那样大声哭泣的。

这种育儿方法会因保护过度而培养出自尊心强却身体孱

弱的孩子。

同时，宝宝因为某些原因而哭泣时，如果养育者不去消除原因，或者认为“哭泣的孩子易养育”而不去寻找原因、排除问题，任其哭泣，宝宝只会哭得更大声。

哭泣时，宝宝的呼吸节奏会被打乱。当宝宝一边大口地吸气一边出声抽泣时，要教会他只在呼气时发出哭声，**吸气时不要发出声音**。配合宝宝深深吸气的节奏，妈妈用自己的嘴在他嘴边“啵，啵”地轻轻啄。如果宝宝仍然持续吸气的话，妈妈可以在他嘴边轻轻吹气，让他吸进妈妈吐出的气，使他在深深吸气的时候没法再发出声音。

在一边吸气一边哭泣的宝宝嘴边轻轻吹气，帮助他停止哭泣

在宝宝呼气的时间长于吸气的时间后，他呼气时用手在宝宝嘴上轻轻地按压，让空气停止片刻。

轻轻亲吻一下，也可以让宝宝停止大口吸气。

连续两三次，使宝宝嘴边的空气停止片刻后，在他耳

边轻声说“**怎么啦，能听到妈妈的声音吗**”等温柔的话语。

用其他有趣的东西吸引宝宝的注意力，是让宝宝停止哭泣的捷径。

如果妈妈在宝宝的哭泣声里变得情绪焦躁，不知所措地抱起他不断摇晃，宝宝就会变得越来越兴奋，甚至忘了该停止哭泣。请注意，**首先要降低宝宝的兴奋度，让其把注意力转移到哭泣以外的事物**。

当哇哇大哭的宝宝哭累了，自然地变为抽抽搭搭的哭泣之前，上面这招很有效。仔细找出宝宝哭泣的原因，除非确认放任其哭一会儿并无大碍，否则，一定要马上解决问题，让宝宝停止哭泣。

宝宝哭个不停时，请妈妈务必迅速找到宝宝哭泣的原因并及时消除，尝试减少空气进入宝宝肺里的量，尽早让其停止哭泣。这才是**积极育儿方法**。

③ 玩具只要日常物品就够了——教婴儿“握、抓、放”

颈部稳定后，宝宝开始习惯慢慢转动眼球让视线追随物品的移动，表情也渐渐丰富起来。

慢慢地，宝宝能够区分玩具的种类和颜色。以前只是盯着玩具看，现在开始动手去抓玩具了。

这时要注意的是**不要让宝宝斜视**。把挂在枕边的玩具置于其正面，让他**即使不转动眼球也能看到**。但是，有时候宝宝仅用一只眼睛看，所以请尽量把玩具放在**能同时使用双眼**的地方。

玩具要挂在宝宝可以正面看到的位置

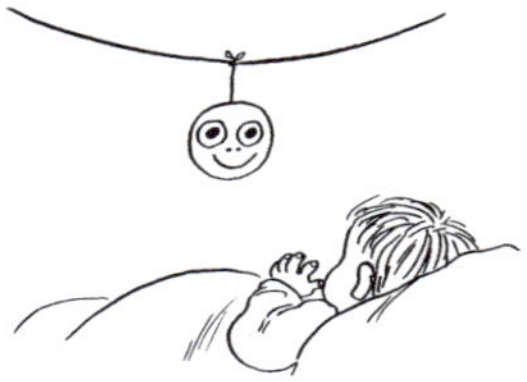

训练宝宝用手拿东西时，应把玩具放在距离他的脸 40~50 厘米处，慢慢靠近，停在能让他用左右任何一只手都能拿到的位置，等待他伸手去拿。

当宝宝不主动伸手去拿时，先把玩具放在胸前，让其

让宝宝用手拿玩具时，先让他确认

双手抱住，再拉高至宝宝的眼睛可以看到的位置，这样，他就会明白自己手中拿的就是刚才的玩具。

此时就算宝宝放开一只手，只用单手拿着玩具也没关系。此时宝宝哪一只手更灵活还不明显，只要能让其充分使用两只手就可以了。

不要什么东西都让宝宝用右手拿，他会自己决定使用哪只手更便利。

因为宝宝的手很小，因此请尽量选择小而轻的玩具。为了让手指活动，请尽量给他能抓住的玩具，能抓住就行，即使不能用五根手指握住也没关系。

例如，缝在布上的纽扣、塑料盖子、笔上的盖子等。把这些绑在婴儿床的栏杆上，挂在宝宝眼前，让他伸手去够。他可以玩得很开心。

另外，市面上出售的小酸奶饮料瓶等需要用两只手拿的东西也可以当作玩具。比如，把“明治益生菌 R-1 酸奶 112ml”A 的标签去掉，里面放入小颗粒的糖果等，做成拨浪

---

① “明治”品牌的乳酸菌饮料，饮料瓶为塑料质地，类似养乐多乳酸菌饮料瓶。——译者注

鼓一样的玩具。

如果在市面上没找到合适的玩具，就从家里现有的物品中精心挑选亲手制作吧。可以**做成各种各样、各种不同玩法的玩具**。

挂上大大的毛线球，让宝宝快乐地感受到柔软的触感也是不错的选择。

★ 让宝宝学会**放开那些被他自己握住、抓住、又握又抓的东西**。

4 用“不在，不在，啪——”游戏锻炼大脑的脑前额叶——越用越聪明

从宝宝白天逐渐睁开眼睛那一刻起，就可以开始进行正式训练了。

其中一项是**让宝宝对事物有所期待的原始能力训练**。

首先，妈妈双手拿着小纱布的两边（一层的编织较为稀疏的纱布，可以想办法把横竖的线抽掉一部分，使纱布更为稀疏一些，尺寸约 25 厘米 ×25 厘米就可以了），一边

轻轻地把纱布置于宝宝的视线范围内，一边慢慢靠近他的脸。让纱布从宝宝的鼻子垂到嘴边，尽量稍微接触到他的嘴下部，慢慢地摇晃两三次。之后，看着下巴的方向，让纱布轻飘飘地垂下并盖住宝宝的脸。

然后，一边说**“啪”**或**“叭”**一边立刻双手拿下纱布，让宝宝看到妈妈的脸。这样重复做 2 ~ 3 次。

接下来，可以适当延长纱布盖住脸的时间。当宝宝期待“啪”的哄逗声，就要开始晃动手脚之前，妈妈一边说“啪——”一边拿掉纱布。

① 用网眼较大的纱布轻轻遮住宝宝的脸

② 在宝宝就要开始晃动手脚前，一边说“啪——”一边拿掉纱布

请注意，**当宝宝手脚啪嗒啪嗒地不停乱动时，就要停止游戏了**。对于宝宝来说，每天重复 5 次，一天的学习量就足够了。

这个“纱布遮脸”游戏的目的在于，让宝宝学会**在妈妈**

说“啪”之前即使喘不上气也要坚持等待；体验对妈妈马上取下纱布的期待；意识到鼻子上方移动的东西并尝试用眼睛看；纱布在鼻子上方一动，就预测到马上会掉落到脸上等。

当宝宝能够准确辨别妈妈的脸后，就可以换成妈妈遮住脸说“不在，不在，啪——”的游戏。

因为空气能透过纱布，宝宝会明白即使脸被遮住了也不会影响呼吸，晃动手脚和脸是想要妈妈“快点把纱布拿下来”。

总是屏住呼吸的话，宝宝就不会对这一反应有所期待。所以请重复遮住脸后快速拿下纱布的动作，并逐渐延长遮住脸的时间，来训练他透过纱布呼吸。

当游戏重复几次后，就可以增大训练难度，改变纱布的长度，并把固定的节奏变为休息时间延长一拍，或者变换节奏，游戏就变得更有趣啦。

★请每天重复“不在，不在，啪——”的游戏，逐渐延长宝宝不看也能记住的时间。遮脸时，请**尽量不要遮住整个脸，让宝宝看到一部分**。

三个半月的宝宝不看就记住的时间达到**一秒**就足够了。

⑤ 初次喝牛奶以外饮品的方法·使用吸管

——让宝宝好好喝的诀窍

刚出生的宝宝会吮吸的不仅限于乳头，只要接触到嘴唇的东西，他们都会条件反射地吮吸，因此他们也会吮吸吸管。

吸管里面有空气，吮吸时需要比想象中更大的力气，还必须把嘴弄圆。所以刚开始吮吸时，宝宝会因为无法持续吸出吸管内的空气，加之吸管旁边漏气，而无法很好地吸出液体。

而且，如果吮吸时太过于用力，或一次吸入太多的话，还可能会因为被噎到或呛到而受到惊吓。

如果出现这种情况，宝宝就有可能因此再也不想用吸管吮吸液体了。

第一次给宝宝喂牛奶以外的饮品，应选择在**刚洗完澡**等宝宝最口渴的时候，最好先让他喝**凉开水**。

用手指压住吸管一边的开口，放入装有凉开水的杯子里，慢慢地松开手指。

用手指压住一端拿上来的话，进入到吸管内的液体就不会流出来

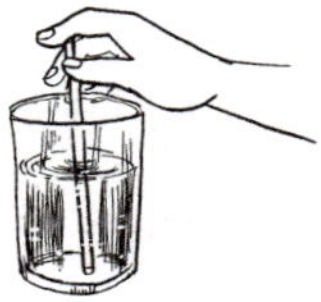

吸管放深一点，水就进入到吸管放入水中的位置，立即用手指堵住吸管外面的开口并拿起来。这样，即使离开了杯子，吸管里的水也不会漏下来。

这时，妈妈要多次练习，掌握通过松开手指的程度调节凉开水流出的速度。

首先，妈妈要习惯用指尖调节水流的大小。请练习控制水流快、流慢或中途停止。掌握以后，就可以开始练习用吸管给宝宝喂水。用稍硬些不易弯曲的吸管吸入凉开水，用手指压住一端的吸管口放到宝宝嘴边。用吸管头持续不断地轻轻碰触宝宝的嘴唇，让吸管接触到舌尖。

让吸管接触到宝宝的舌尖，用手指堵住一端的吸管口喂水

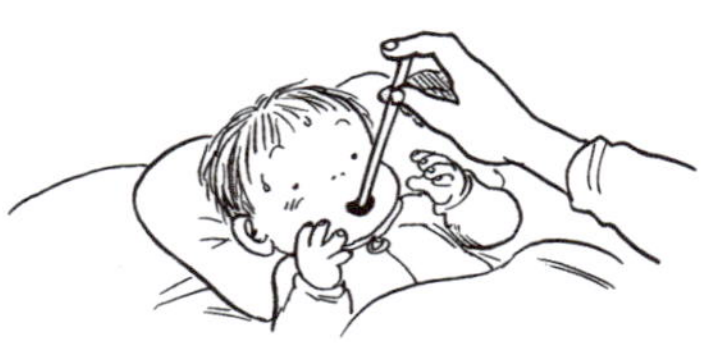

注意不要把吸管放入太深。当宝宝开始吮吸时，就用手指按住吸管口让他喝；吮吸变弱时，把手指轻轻从吸管上松开，这样水就会迅速流进宝宝嘴里。像练习的那样，一边让宝宝吮吸一边缓缓放开水流。

刚洗完澡口渴时是让宝宝习惯牛奶以外饮品的好机会

宝宝刚洗完澡口渴时，比起牛奶会更想喝水分充足的饮品。所以，即使吸管里的液体和牛奶味道不同，宝宝也能喝很多。

让宝宝习惯牛奶以外饮品味道的最好时机就是洗完澡的时候。**练习使用吸管的同时**，让宝宝明白**牛奶以外的饮品也能喝**。

用手按住吸管时，如果宝宝能一口气喝完的话，就可以马上松开吸管口，让饮品流入宝宝嘴里。喝完之后，也许宝宝还想继续喝。

吸管里少量的水显然是不够的，仅仅把吸管插进杯子用手指操作，也不能让宝宝充分吮吸。若要让吸管里保留足够多的水，就必须把吸管放入比它的长度更深的杯子。

妈妈用吸管吸满水后，用手指压住给宝宝喝。宝宝有时候会无法一口气喝完，有时候会因为中途吸入太多而呛到，感到宝宝快要被呛到或出水太快吸不过来的时候，妈妈要把吸管口用力按紧，使水流变小、变慢。

当宝宝仍然用力吮吸时，妈妈应松开手指让水流变大、变快。到宝宝能不依靠妈妈的调节而喝完一吸管的水时，就能直接用吸管从杯子里喝水了。

★请在宝宝口渴时进行练习。为了让宝宝更好地喝东西，妈妈也必须努力学习工具的使用方法。

6 教会宝宝区别“吸进”和“吞下”

——动作不同，嘴和舌头需配合呈不同形状

当宝宝学会用吸管直接从杯子里喝水，就请准备能稍微弯曲的吸管吧。

在吸管里吸满水等饮品，用手指压住吸管的一端，放进宝宝嘴里，在他开始吸的同时，松开手指，同时，把吸管的另一端放进杯子里。

这时，如果**杯子高于宝宝的嘴**，水流就会通畅，因此必须把吸管弯曲着放进杯子。

开始时把杯子抬高到稍高于宝宝嘴巴处

几次尝试后，宝宝就会知道，吸管不同于乳头，吸的时候不能太用力，所以不会用力吸低处杯子里的水。

宝宝开始吮吸吸管后，妈妈要一边慢慢降低水杯高度，一边观察宝宝有没有在吮吸。如果在吮吸，就继续降低杯子的高度，引导宝宝逐渐学会使用吸管喝水。这一过程因人而异，有的宝宝只做一次就掌握了，有的则需要反复训练。

但是，**所有宝宝都能很早学会如何使用嘴**。

用吸管吸就是在学习不同吮吸方法之间的区别，进而掌握吸和吞这类复杂的动作。

当宝宝还不会用吸管吸时，用勺子喂的话，饮品会从宝宝的嘴角流出来，一口气喂下去会让他感到不适。

即使是水，如果是一大口喝下去，对于宝宝来说也是很困难的。所以要先**教会他用吸管吸以后**再教其如何吞咽。用勺子喂宝宝时，先抬起他的上半身，再慢慢喂进嘴巴深处。把要喂的饮品迅速放入宝宝舌头边缘，而不是舌头上面。这样，宝宝可以把嘴里积攒的唾液一起吞下去。

根据情况，逐渐增加喂水量。放入口中的饮品量在不同宝宝之间存在差异。如果喂进去后宝宝马上吐出来，就表明放进去的太多了；如果完全吞下去了，就可以接着喂，并逐渐增加喂水量。

比起用吸管吸，用勺子喝是一种更为高级的方式，所以请让宝宝慢慢习惯。

我一开始选择用勺子给我儿子喂的是流食（稀饭、菜粥、酸奶等），而不是水。这是因为对于婴儿来说，把液体作为一个整体喝进去是非常困难的。

区别使用吸管和勺子：**用吸管喝饮品、用勺子吃流食**。这样就可以更好地锻炼婴儿口腔的肌肉群，让其在吃、喝时不掉出食物，不被噎着。

另外，**使用吸管时，让宝宝根据呼吸的节奏喝**也是很重要的。在宝宝吸气—呼气—再次吸气时，迅速把吸管放进他嘴里使其吞咽。

掌握宝宝的呼吸节奏，对于今后训练他做各种动作很重要。请**仔细观察宝宝的呼吸频率，熟悉他的呼吸特点**。

学会用吸管喝以后，宝宝就能在短时间内汲取大量水分。外出回家等时候，可以很方便让他尽快喝水止渴。

要让宝宝明白，喝不同的东西方法是有所区别的。洗完澡时用吸管让其喝凉开水，温热的牛奶等用勺子慢慢地放入口中喝。

★请巧妙运用吮吸反射和吮吸反应。

7 帮助宝宝学习趴着的动作——教会宝宝收缩和放松肌肉

颈部稳定后，宝宝不再只是安静地俯卧，开始尝试伸直背部、挺胸、张臂等动作。

这时，妈妈尽早帮助他学习趴着的动作吧。

让宝宝趴下，张开双臂，握紧拳头，轻轻抬头，**保持单杠引体向上的姿势**。即便宝宝只能动手和脚，也要按住他的脊背从上往下抚摸。

当宝宝张开手掌时，观察其是否同时张开左右手，是否能够紧握左右手，能否协调双侧手脚。当宝宝挺胸时，必须

让宝宝以单杠引体向上的姿势俯卧

帮助他使用**手肘而非手指**用力，腿部要用**大腿而非脚趾**用力。

若要让宝宝的腰紧紧贴在床上，放松后背的筋骨，必须后背筋骨和腹部左右用力。

为了弄清楚宝宝挺胸时使用的是哪块肌肉，在训练之前，妈妈应试着亲自做一下趴下的动作，试着不使用手脚抬起上身，通过自己的体会记住宝宝哪块肌肉在用力，哪个部位会感到疼痛。顺便体会一下用力时的呼吸节奏，记住，我们是无法一边呼气一边用力的。

宝宝开始活动手脚时，妈妈要认准肌肉动作的部位，如果他不会用力、无法挺胸时，妈妈可以轻轻地按一下该部位，也可以同时轻轻按压脊背和左右的部位。

请尽量按照呼气—吸气的节奏，当宝宝吸气到一半时进行按压。

在按压时请跟宝宝打声招呼，请先想好打招呼的话，**“要按这里喽”“嗯，嗯”“看，一，二”**……都可以。

在让宝宝用力时请使用约定好的打招呼的话，因为这些话就是让宝宝“用力”的信号，对于经常憋气用力的宝宝，也可以模仿他的声音，或者只简单说“一，二”。

这样的练习，请至少每天做一次，直到仅轻轻按压宝

轻轻按压宝宝用力处

宝背部就可以让他挺起胸膛。

不过，请避免在宝宝的胃和膀胱充盈时进行练习，这样会刺激他小便。

当宝宝的后背稍歪，放松下来，头紧紧贴在床上时，妈妈要温柔地抚摸他的后背，**让他明白肌肉的紧张和松弛**。

当宝宝记住用力时的信号、放松时温柔的按摩，可以通过自己的意志控制用力的程度时，就会迅速做出越来越多的动作。

妈妈会惊奇地发现宝宝成长得很快，会做翻身等意想不到的动作。

★碰触宝宝想使劲儿的肌肉，会令他更为容易用力。

当宝宝身体放松、头贴在床上时，温柔地抚摸他的后背

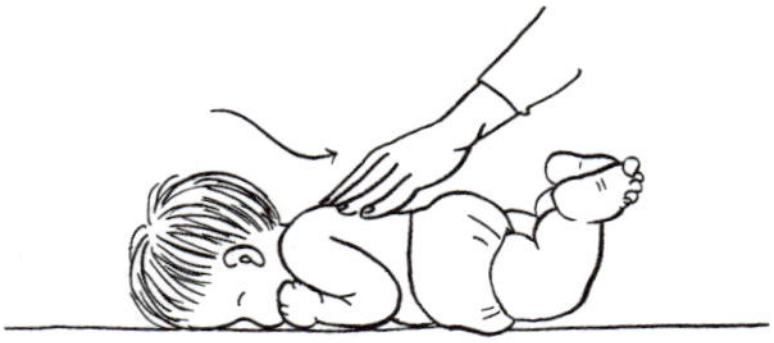

8 如厕训练的开始——预测大小便的时间

有时候，刚刚拿掉弄脏的尿片、擦干净屁股、换上干净的尿片，宝宝就突然小便或者开始乱动。这意味着：**训练宝宝如厕的机会来了**。

男宝宝会尿得高高的，看上去情绪不错。

此时，妈妈虽然感到惊讶，但**绝对不能大喊大叫“哎呀”“好讨厌”等**。

男宝宝在小便之前，小鸡鸡会鼓起来，请安静地轻轻垫好尿片，等待他尿完。然后，**表扬他说：“心情不错吧，好厉害！”接下来就可以进行婴儿喜欢的尿片体操（参见第62页）了**。

如果宝宝大便了，就跟他一起使劲儿。用手抱着宝宝的大腿，并抬起到他的肚子旁，便于他下腹部用力（参见上图）。没错，宝宝排便的**最佳姿势就是像妈妈生产时的姿势**。

在宝宝大便时，抬起他的大腿，让他的下腹部更容易使劲儿

这时，我就会按压宝宝肛门附近促使他产生便意。

换尿片时，请表情温和、声音轻柔地告诉宝宝：能够大小便可真棒！妈妈好开心呀！

宝宝不仅会明白排便是愉悦的事，还会懂得舒舒服服的排便并不都是在尿片中进行的。这是**如厕训练的开始**。

能较早经历这些的妈妈是幸运的。

此时，如果宝宝尿尿了，妈妈应回想一下是什么时候喂的奶了，这是第几次撒尿，预测离下次小便还有多长时间。

下次小便后，请一定在尿液还热乎乎时及时更换尿片。这样，妈妈就会大概知道宝宝吃喝完后多久会有大小便。

在宝宝下次即将小便时，认真观察他排泄前和排泄时的表情。排泄完成后，立刻温柔地说“**真棒，真棒**”“**舒服多了吧**”，然后给他换尿片，进行尿片体操（参见第62页）。

这是选择外出时间的重要条件。

下次小便时，在尿液还热乎乎时就及时更换尿片

能够预测宝宝排泄规律的话，外出也很方便

这关系到在无法更换尿片的地方采取何种处理方法。请务必提前把握宝宝**何时、有几次大小便**。对于难以把握这些的妈妈，最好以图表的形式每个月记录两三天，以尽量准确地把握好宝宝的排泄时间。

★掌握了宝宝排便的规律之后，就能较为容易地预测宝宝大小便的时间了。

为了顺利、灵活地育儿，必须尽量**准确地预测将来会发生的事情**。

宝宝隔多长时间小便，何时睡着，何时醒来，经过一段时间之后，这种预测就会变得简单了。

9 让宝宝做手部运动，妈妈自己首先练习
——了解重量感

和脚不同，手可以做很多精细的运动。

拉拉宝宝的小手和手指，当他握紧拳头时，妈妈如果没有掌握好手劲，力度不合适的话，可能会导致他脱臼。

有些婴儿天生肌肉比较发达，也有些虽然体格大却没有力气。为了帮助宝宝做手部运动，妈妈必须根据其承受能力调节手的力度。

首先，请妈妈练习手的用力方法。

如果使用厨房秤的话，请先用单手按压至 1 千克，再用双手按压。请记住 1 千克大概用多大力。照此方法，大概了解 3~4 千克的力度就可以了。

接下来，请准备一个能装下 1 千克物品的袋子。先用一根手指拎起来。左手和右手都用同样的手指。

大概明白了 1 千克的重量了吗?

拿的时候，请尽量让上臂夹紧腋下，**发挥出手腕的力气**，上下两三次以确认物品的重量。了解 3 千克左右物品的重量感就可以了。

这一重量，可大致作为妈妈伸出双手让宝宝做手部运动时的基准。

让宝宝握紧妈妈的手指并抬起上身时，不能因为他抓得紧就不用力，应该以拿起 4~5 千克重物品的力气向上抬。

利用厨房秤体会 1 千克的重量感。可以通过提起装有 1 千克重物品的袋子来感受

不管自己力气多么大，让宝宝做手部运动时，只能使出**其体重的三分之一以内的力气就可以了**。当宝宝逐渐习惯了这个力度后，再慢慢适当增大力度，但使出的力量**绝不可超过宝宝体重的一半**。

虽然这尚无明确的科学依据，但可以作为一般的标准。

这一方法曾经在很多婴儿身上试验过，无一表现出厌烦，也没有婴儿出现脱臼的现象。我儿子在出生不久后，也能紧紧抓住我的手指，那时，我所使出的力气只相当于500~600 克。

妈妈可以让宝宝抓紧自己的食指，前后左右轻轻摇晃，从 1 千克开始，逐渐增加重量，也可以加强宝宝手部的力量。

★ 运用本书的育儿方法，比起婴儿，妈妈的学习更为不易。

让宝宝握住妈妈的两根手指，缓缓提起来

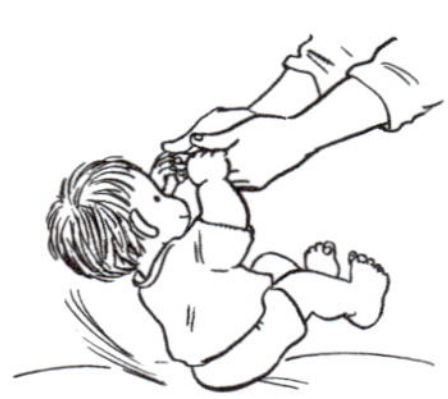

⑩ 锻炼宝宝使用双手——保持双手协调

有时候，婴儿会把手举在空中盯着看，还会不停地摆弄自己的手，觉得自己的手能动是不可思议的事。

宝宝观察自己手指的时间相对较短，比起盯着自己的手看，他会首先运动手指，并开始抓、握东西。

这一阶段的玩具最好选择**宝宝能很好地抓住的、会活动的物品**。因此妈妈应选择能方便让宝宝动手的东西。粗细适中、容易按压的开关和钥匙、便于捏住的有突起、有弹性的海绵、橡胶做的球等都可以。

妈妈要注意宝宝是否马上把玩具放到嘴里。在长牙之前，宝宝喜欢用自己坚固的“牙龈”咬东西。

妈妈不要被“玩具”这一固定概念所束缚，请根据宝宝的手部力量、手指大小，寻找适合宝宝的东西。

初次玩的玩具不清楚是否适合，所以妈妈一定要拿在手里亲自试试再递给宝宝。

这时，**把玩具放在宝宝身体中间，距离两只手等间隔的位置，让他自己拿**。同时，观察宝宝经常用哪只手，通常，使用次数多的手一般比较灵巧。但也有的时候灵巧一些的那只手不一定就好用，这要根据玩具的特性而定。

即使知道了宝宝哪只手更灵巧，在各种训练中，也要同时练习其双手。不灵巧的那只手什么都做不了的话，会很不方便。提供同样的条件，宝宝自己就会选择使用更为灵活的那只手。

把玩具给宝宝，如果不好拿或一动就发出声音，妈妈可以让他使用双手，纠正宝宝手指或手形以适合拿玩具，并用自己的两只手从外面握住，摇晃一下。

有时候，宝宝可能并不喜欢妈妈精心挑选的玩具。出现这种情况时，可以先拿走，过几天再拿给他。不让他对现在喜欢的玩具产生厌烦。

不要一次性给宝宝太多玩具，要考虑到玩具的新旧更替。当有一个新玩具时，就扔掉他不太玩的旧玩具。**最适合宝宝的玩具就能成为帮助其学习的好教材**。

当宝宝对一个玩具玩不腻，并能变着法子玩时，就不需要太多其他玩具了。当一个玩具玩腻了要扔掉时，妈妈再考虑给宝宝其他玩具。

这时，按摩他的小手，一边把手指一根根张开再弯曲，

一边说“**玩了好久啦**”“**好玩吗**”。把握宝宝心情转换的时机，再把一直玩着的玩具和新玩具同时拿给他，说：“**还要玩这个玩具吗？还是要另一个？**”当宝宝想继续玩的时候，一定会做出选择。

这时，把一直玩着的玩具放在灵巧的手一侧。**如果宝宝两个都想要，就请让他用两只手拿着玩**。

这样，妈妈只是稍微帮一下忙，宝宝就能自己玩很长时间。

★诀窍是让婴儿用手时始终饶有兴趣。不管是否一侧灵巧，都要同样加以训练，养育出**能协调使用双手的孩子**吧。

11 照镜子能同时看见妈妈和宝宝——自我意识的萌芽

到了第二阶段（颈部稳定期），婴儿就可以正确地识别对面妈妈的脸。

请抱起宝宝，坐在镜子前面。如果他对镜子里的两个

把安全的镜子给宝宝当玩具

人没有表现出兴趣的话，就先让他自己照镜子，然后，妈妈单独照镜子，让宝宝看镜子里的妈妈。

这是通过改变镜子的角度（两个人的位置不变）让宝宝只看到某一镜像。请坚持每天照一次镜子，直到宝宝表现出兴趣为止。

当宝宝对照镜子产生兴趣时，**镜子就会变成玩具，成为认识妈妈的好教材**。可以通过照镜子游戏让宝宝认识自己的脸。他就会明白自己和镜子中的人一样：有眼睛、有嘴、能做同样的动作。

变换与镜子间的距离，由远及近地慢慢靠近，宝宝逐渐接近镜子时，把镜子突然拿到他的视线范围内，让他交替看到镜子里自己的脸和妈妈的脸，妈妈从后面指着镜子中宝宝的嘴和眼睛说**“眼睛”“嘴巴”**，同时也让他自己摸一下。重复几次后，拿掉镜子，妈妈把脸靠近宝宝，让他用手摸着妈妈的眼睛说“妈妈的眼睛”，摸着自己的眼睛说“宝宝的眼睛”。

通过花心思玩这个游戏，宝宝**不用镜子也能逐渐区分**

在镜子中指出宝宝的眼睛、嘴巴，并告诉他“这是眼睛”“这是嘴巴”

“妈妈的”和**“宝宝的”**，在照镜子游戏中明白自我的存在。在可以坐稳时，宝宝就会逐渐对这一游戏失去兴趣了。因为他已经明白了：镜子可以照出同样的物品，镜子里的形象不在镜子后面而在前面。

这时宝宝一个人照镜子也能玩得很开心，妈妈可以准备好有手柄、摔不破的镜子给他当玩具。

这一时期，在大镜子前，妈妈背着或抱着宝宝突然靠近、突然离开的话，他会感到非常高兴。

请尝试变化靠近或离开的速度。让宝宝注视镜子里的自己，**把镜像的变化和速度联系起来**。让他明白，离镜子远的时候，镜子里的影像就变小；靠近镜子的时候，镜子里的影像就比较大，能更清楚地看到自己的脸。如果慢慢靠近时宝宝能够追寻镜像的话，逐渐加快速度，让他观察新的变化。

这时，**“脸朝前抱”的方式效果不错**。让宝宝脸朝前，妈妈把一只手从后面放在他两腿中间，手肘弯曲 90 度左右，用前臂和另一只手抱起宝宝。这样，宝宝的脸正上方

是妈妈的脸，也能乐享镜子里的变化。

这种“脸朝前抱”的方式，在外出时，能让宝宝和妈妈**共享同样的景色**。**请一边看景色一边和宝宝说话**。

当妈妈“脸朝前抱”着宝宝站在镜子面前时，他有时会津津有味地看着镜子里面的自己，有时会焦躁地想用手去碰，用手抓过后，明白镜子里的影像无法抓住时，就不会再次出手。这些行为会逐渐显现出宝宝的部分性格。

★婴儿明白镜子里照出的是自己，就是**自我意识的萌芽**。具有这种特征的只有人类和成年猩猩。

第三阶段

腰部稳定期

——约三个半月至五个半月——

训练婴儿坐着使用双手

●训练宝宝坐着使用双手——腰部稳定期的目标

当宝宝的脖子逐渐变得结实起来时，一天中的睡眠时间就会变少，能有半天时间保持清醒状态。

宝宝的好奇心会越来越强。醒着时会不停地转动眼珠观察周围，并用手抓握周围的物品，尝试进一步的探索。

他的脊背和腹部会越发有力，能依靠自己的力量翻身，从仰卧位翻到俯卧位，从俯卧位翻到仰卧位。

第三阶段（腰部稳定期，约三个半月至五个半月）的育儿目标是让婴儿**学会坐以及使用双手**。

请在宝宝醒着的时候尽可能地陪伴他，否则，他对外界刺激将会不敏感，好奇心也不能很好地展现出来，最终变得内敛消极。

●“握”和“捏”——学会捏的动作就能写出漂亮的字

运用手指完成的运动，基本上可以分成两种，即**“握”和“捏”**。

“握”是宝宝与生俱来的本能的行为，但是不加以训练同

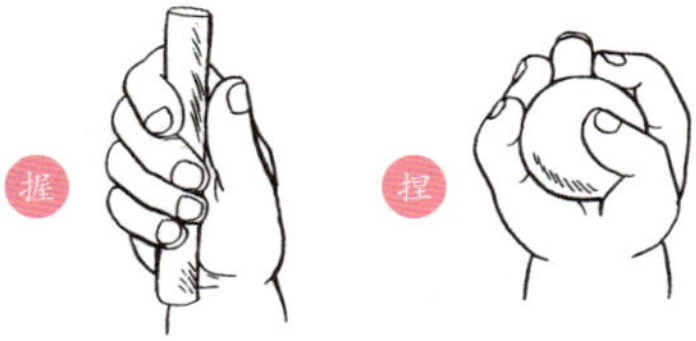

在婴儿时期锻炼“握”和“捏”两个动作

样不能很好地完成。而“捏”的动作并非宝宝与生俱来的，必须在这一阶段勤加练习。若能加以训练，将来就**能写一手漂亮的字，也能熟练地组装物品**。

做“握”的动作时，手会蜷成拳头的形状，手掌被四根手指包裹，拇指则压在最上面。触碰手掌进行刺激，会产生弯曲四指的反射效应，这就是以大脑运动区为反射中枢的“大脑反射”。

婴儿刚出生时，即使没有受到刺激也会随意地握住手，这被称为“原始把握反射”。当宝宝去握位于眼前的球时，首先，前额前区的神经细胞开始活动，产生“握”的意识，并将怎样握住何物的计划作为“工作记忆”保存在前额前区；接着，运动区的神经细胞开始工作，对手部肌肉发出“运动指令”，示意弯曲手指的肌肉开始活动，做出握的动作。

握的动作是低等猿类（狐猴、栗鼠猴等原猴）也能完成的动作。在进化过程中，旧的运动区（前言第 5 页图示的运动区便为“旧运动区”）发生作用，从此处与脊髓神经细胞进行联结，运动细胞随之发挥作用而开始运动。

当宝宝“抓起”眼前的苹果片的时候，前额前区开始活动，产生“抓”的动作意识，并将怎样抓起何物的计划作为“工作记忆”保存在前额前区。

然后，运动区域的细胞也活动起来，但是这并非之前所提到的“旧运动区”，而是一个新的运动区的运动细胞。这个“新运动区”在中心沟（参见序言第 5 页的图示）的沟壁上，表面上肉眼无法看到，是在人类进化过程中逐渐形成的新区域。

捏的动作只有高等猿类（卷尾猴、日本猴、黑猩猩等）和人类才能做到。

婴儿在第一阶段（反射期）就能完成握的动作，而捏的动作在第三阶段（腰部稳定期）经过训练才能做到。

由“旧运动区”活动而产生的握的动作是“握力把握”，而由“新运动区”发起的握的动作则叫“精细把握”。

当我们在使用工具（铅笔、剪刀、菜刀、乐器等）时，就是“新运动区”在发生作用。因此为了能更好地使用工具，在最初的时候必须通过各种东西加强训练。训练越多，使用工具的能力也将变得更好。

手部训练——锻炼抓取小物件

在这一阶段，婴儿已经能用手把持、握住物件了，力量较之前也有所增强，能握住更重、更大的物件了，但是用手指抓东西的能力仍然比较弱。

当看到周围有能引起兴趣的东西时，宝宝会朝着那个方向伸手。如果周围放音乐的话，宝宝会望向那个方向并伸出手。一旦抓住感兴趣的东西，就会将其放在手上把玩，反复“研究”那个东西到底是怎么回事。

但这时宝宝还不能灵活地使用手指，还不会用食指和拇指两根手指来抓住小物件。

因此，在这一阶段，**锻炼宝宝熟练地抓住小物件的能力尤其重要**。给他有助于锻炼手指的玩具吧，但是能够买到的性能很好的玩具并不多，所以需要妈妈多下功夫。

对于锻炼手指而言，小物件是很必要的，但是宝宝有可能会把物件放入口中，甚至有时候会吞食，这就非常麻烦了。

既小又安全的物件也许很难找到，因此只有教导宝宝，只能把小物件当作玩具，不能将其放入口中吞食。为了安全起见，在宝宝游戏时，妈妈必须一直在旁边密切关注。

玩具要挑不容易摔坏的，晃动时能发出声响的玩具也不错，比如会发声的响尾蛇玩具。躺在床上的宝宝偶然伸手触碰到它时，玩具发出声响，就会引起他的注意。

因为对发声的玩具产生兴趣，宝宝会反复活动手腕拨弄玩具发出响声。为了吸引他的注意力，应该给他适度有新鲜感的东西。

对于同一件物品，宝宝很快就会厌倦。另一方面，如果是他从未接触过的全新的玩具，他也会因为无法把这个新玩具与自己已知的物品联系起来，而导致不会产生兴趣。因此，必须**不断给予婴儿适度新颖的物品**。只有这样，他才会慢慢理解外界的物品与自身行为的关系。

这一阶段的手部训练，是锻炼**使用每一根手指的抓取动作**和**通过手接触外界来丰富对已知世界的认知**。这时还要注意的是，要让宝宝**均衡地使用左右手**。

此外，玩具的大小也会影响宝宝手指的活动，必须选取其手指能抓住及把玩的玩具。

记忆所预测过的事情
——具有预测未来能力的大脑的发育

婴儿能用眼睛追寻运动着的物体后，也开始能够预测接下来将要发生的事情。这是让毫无时间概念的婴儿**清楚地了解“过去—现在—未来”的时间线索的开始**。

作为试验，试着在宝宝眼前投下一个球。他不用追寻球落下的全部轨迹就能看向球的落地预测点。这是因为他能预测球的下落方式，能**预测球的落地点**。

取下盖在宝宝脸上纱布的“不在，不在，啪——”（参见第 98 页）是学习预测能力的游戏之一。这一附带条件的反应其乐趣在于：能听到母亲温柔的呼唤、看到母亲慈爱的脸庞以及感受由皮肤挠痒而带来的发笑的感觉。当获得这些乐趣之后，宝宝便会更加跃跃欲试。

当宝宝能够握住静止的物件后，也就能抓握移动的物件了。为了让他成功抓握在床上滚动的球，就要教给他预测球移动的轨迹，并把手提前放到球的预定到达点，做好抓握的准备。

预测即将发生的事情，是大脑的前额前区在发挥作用；而

对视觉及听觉的预测，以及对接下来运动轨迹的预测，则是将来提高大脑思维能力的基础。

●俯卧及两个姿势反射——坐立及站立的条件

婴儿腰部肌肉没有力量的话是无法坐住的，但是如果为了让婴儿坐住而让其身体前倾，婴儿可能连翻身也学不会。

首先，必须让宝宝俯卧抬起头，让其依靠手肘和大腿完成匍匐姿势。就像在第一阶段（反射期）诱导其由吸吮反射变为吸吮反应一样，利用姿势反射，教宝宝由俯卧向匍匐姿势转变。

当让宝宝俯卧抬头时，会引起其脊背以及手脚的肌肉活动的反射。抬起他的脸，其迷路[①]受到刺激，就会伸展手脚，脊背弯曲成弓形，这就是“**紧张性迷路反射**”。抬起头、颈部，肌肉活动时，颈骨关节的感觉器官就会受到刺激，在伸手的同时也会产生腿部弯曲的反射，这就是“**紧张性颈反射**”。上述二者是对站立动作非常重要的**姿势反射**。

---

① 内耳，由于内耳由弯曲管道和囊所组成，结构复杂，形似迷宫，因此也称迷路。——译者注

这种姿势反射与吸吮反射不同，不是受到刺激就必定发生的强烈反射，而是当肌肉力量达到一定程度时，加以刺激才会产生的。

因此，若要利用姿势反射，必须依靠宝宝自己对手脚的肌肉，尤其是肩部和腰部周围的肌肉（双手双脚的肌肉）施加力量。

让宝宝做匍匐运动时，他必须颈部用力并抬起头，必须能够从俯卧位翻到仰卧位，再从仰卧位翻到俯卧位，完成翻身。此外，脊背的肌肉力量也必须增强。让宝宝保持容易产生姿势反射的姿势，使用肌肉，增强力量，宝宝才能尽早独立坐稳。

1 教导宝宝用手指抓
——灵活使用双手的基础

当宝宝每天的生活节奏已形成，能依靠自己的力量坐稳时，妈妈就能轻松许多。宝宝玩耍的时间变长，妈妈照顾时也可以不必像之前那么谨小慎微。此时，只要跟宝宝待在一起，让其独自玩耍也没问题，妈妈就会很容易离开宝宝的视线，做自己的事情了。

在这一阶段，宝宝不但身体迅速成长，大脑也开始逐渐发育，并且逐渐用自己的方式来使用大脑，每天都会做与前一天不同的事情。

如果妈妈的观察力尚未充分养成的话，会跟不上宝宝飞速的进步，因为宝宝的**各种细微变化是频繁发生的**。

此外，宝宝的表现方式也极具个性。也许昨天指尖还没有力量，今天就能出乎意料地抓捏起小纸团大小的物件。

妈妈若已经积极教会宝宝使用全手抓拿物件，也必须让其尽早学会用指尖抓捏东西。指尖能够更加用力的话，就形成了在各方面掌握灵活操控手指的基础，并最终学会使用手指。

让宝宝坐下，并用手指抓捏物品

宝宝好像抓捏妈妈皮肤似的使用脚尖抓捏的动作，与使用指尖的意义是不同的。不多加注意的话可能会出错。

当宝宝学会使用指尖时，请在他的玩具里加入些小道具，例如**小瓶乳饮料的空瓶等婴儿能抓握的小物件**。但要注意的是，这是为了宝宝的手部训练才增加的道具，请不要随意丢在玩具箱中或者床上就置之不理了。

首先，清点增加的道具的数量，并**在宝宝与妈妈一起玩耍时才拿出来使用**。这是在向宝宝**强调这并非玩具而是学习用的教具，须由妈妈统一管理**。

宝宝会随意摆弄，最终会想要把它放入嘴里，这时应立即说**不能塞到嘴里哦。让宝宝保持抓握物件的姿势，并拉开宝宝的手，绝不能抢夺宝宝手里的物件**。

当宝宝拿着玩具把玩，好像在思考“这能不能吃呢”，或者干坐着发呆，而不是投入地玩耍时，妈妈应该拿起一个同样的玩具和他玩“碰玩具”游戏，以此转移其注意力。

但是，也有些宝宝无论如何都想把玩具塞进嘴里。这时，要用与小瓶乳饮料的空瓶相似的物品替换原有物品，并对他说“**不能塞到嘴里哦**”。

当宝宝想往嘴里塞东西时，请不要抢夺宝宝手里的物件，而是让宝宝保持抓握的姿势，拉开宝宝的手

另外，当宝宝试图将物品放到口中时，要搞清楚他是想用嘴巴来确认这一物品的性质还是只是嘴巴寂寞了，如果是后者，应该更换更大的玩具或者安抚奶嘴，终止这一训练。如果宝宝是在用嘴巴来确认物品的性质，并且这一游戏已经持续很长时间了，则请拿走玩具，引导宝宝做其他的游戏。

宝宝没有继续游戏而是试图将玩具放入口中，是因为其对味觉的兴趣比触觉更胜一筹，这时，说明尚不能利用这样的小物品让宝宝完成手指练习。

对于这种宝宝，在抓捏训练中，应该只给予他风筝线、棉纱、装柑橘和洋葱的网袋之类的东西。此时，同样要**禁止宝宝往口中塞东西**。请为他提供各种能充当安抚奶嘴的物品。当宝宝能灵活活动嘴巴时，把东西胡乱塞到嘴里的时间也将变短。

当宝宝能灵活活动嘴巴时，把东西胡乱塞到嘴里的时间会缩短

接下来，宝宝会越来越活跃。这样做是**为缩短目不转睛照看宝宝的时间做准备**。

★手部把握和手指抓捏的动作都非常重要，特别是要用心教导宝宝**灵活使用拇指**。

2 开始添加辅食的时间让宝宝决定
——让宝宝参与餐桌共食

经常有妈妈问“什么时候开始添加辅食才好呀”，我的回答是，“这个问题应该去问自己的宝宝”。

当然，宝宝是不会亲口告诉妈妈的。妈妈要给予他刺激，从其反应中获取答案。首先，在大人们吃饭时，如果宝宝醒着，请让他也**参与进来**。让宝宝在妈妈身边，**尽可能让他时常看到餐桌上的情况**。可以让宝宝躺下，若颈部已经发育得不错，可以垫高枕头抬高其头部，或者让他俯卧。总之，要尽可能让宝宝清楚地看到爸爸妈妈吃饭的样子。把他抱起来吃饭也是不错的方式。

颈部发育良好的宝宝会用目光追寻爸爸妈妈筷子的移动，并注视爸爸妈妈的嘴巴，接着就会咂巴嘴，“咻咻”地

让宝宝清楚地看到大人们吃饭的样子

吮吸，手也会随之活动起来，表现出一副想要加入的样子，发出“啊啊”或“噗噗”的声音。

宝宝注视着各种各样的食物，会明白饭和菜的不同食用方法，开始对牛奶以外的食物产生兴趣。

但是，处于这一阶段的宝宝也存在个体差异，有的宝宝会比初食日（大概出生后100天）更早产生反应，有的则会晚很多，有的看着大人们手动口动的进食状态却依然会无动于衷。

如果宝宝看着大人们进食，会跟着咂巴嘴、流口水、出现吸吮动作的话，这就是在提醒妈妈：**可以开始添加辅食了**。

不必认为自家孩子为时尚早，而推后添加辅食的时间，只要少量开始喂食即可。

开始时可以不必喂辅食，或只添加少量辅助食品和副食等，只要让宝宝感觉到食物发生了变化即可，还是要以母乳和牛奶为主食。如同模仿大人们吃饭，用筷子蘸点酱汁和汤等轻轻点入宝宝口中，如果宝宝随之反应，露出惊讶的神情或表现出美味的样子，就可以开始正式喂食了。

因为宝宝还不会啃咬，开始时的辅食只要不硬就可以了，**不必强求从流食开始喂食**。

重要的是，辅食的量要由少逐渐增多，开始阶段要由同一食材做成。

如果食物不符合宝宝的体质，宝宝就有可能会出疹或腹泻等，这是非常麻烦的。请密切关注宝宝的身体情况，万一出现了过敏症状，请立即到专科医生处就诊。

最初给宝宝添加的辅食，请按照至多一勺的量每日喂食同样的食物。

③ 请在“上午”给宝宝添加新的食物
——不能同时添加两种食材

如果连续几天喂食同一种食材，宝宝既无腹泻，也无出疹的情况，就可以添加其他食材了。

要尽量让宝宝适应各种不同的食材。当然也可能会有不适合宝宝体质的食材，但是不尝试是不会了解具体哪种食材适合、哪种食材不适合的。

虽然确定一种食材没问题之后就可以添加新的食材，但是**绝对不能同时添加两种新食材**。

最初的喂食菜单，绝不能使用两种或更多的食材。否则，如果宝宝出现身体不适，将无法弄清楚究竟是何种食材所造成的。

添加辅食时的重要条件之一是：一种食物由少到多逐渐增加喂食量。

如果是从比米粒稍大的食物开始喂起的话，即便体重尚轻、月龄尚小也没有关系。坚持每天喂食，如果连续三天未出现腹泻、过敏性湿疹等症状，就可以添加新的食材了。

其实婴儿的食欲是很旺盛的，要注意的是，**添加新食材最好选择在上午**，选择平常喝奶的时间较好。这是因为，消化不良通常是餐后3~4个小时才会出现症状（腹泻、呕吐等），如果是夜间喂食的话，等到症状出现再处理就晚了。

一点都不担心是不可能的，所以只能事先小心再小心了。

从这时开始，宝宝就会对食物产生好恶，挑食的苗头开始出现。要让宝宝不偏食，就要**尽可能给他喂食经过测试的多种食物**。

不要让宝宝总是吃同一种食材做成的食物，也不要只给宝宝喂食单一食物。这不仅是为了宝宝的健康着想，更与家庭成员的健康有着密切的联系。因此，请不要为了宝宝的特别菜单而花费过多时间，应该更用心准备家庭的饮食，并从中逐渐选择增加适合宝宝吃的食物。

如果宝宝食用一直以来都没有问题的食物而突然出现腹泻、呕吐等症状，应该从烹煮过程、材料的新鲜程度、宝宝当天的身体状况等来寻找原因。能弄清病因当然最好，若不能找到，请尽快带宝宝就医。看医生时，最好带上宝宝的排泄物，清楚地告知医生宝宝一天的饮食以及睡眠等状况，以便医生做出判断。找出病因后，可以减少一次喂食（牛奶或者其他食物），改成喂温水，让宝宝稍稍暖腹，观察一下情况。

如果宝宝食用一直以来都没有问题的食物而突然出现腹泻、呕吐等症状，应该检查烹煮的方法和材料的新鲜程度

4 把安抚奶嘴、磨牙棒换成天然食品吧
——乌贼干、煮海带的用处

当宝宝开始一个劲儿地流口水、咬乳头、用牙龈使劲儿地摩擦奶瓶的橡胶奶嘴，总是令人感觉不安分时，就是要开始长乳牙了。

乳牙长出的时间差异是很大的。

虽然市面上有各种各样的安抚奶嘴，但其实在我们的日常生活中，有很多可以替代奶嘴的食品。那就是吸吮着美味、咬起来更回味无穷的“**天然食品**”了，初期适合的是**乌贼干（不带脚的）、煮海带**等食物。

给宝宝吃的食物，长度要在30厘米左右，宽度要在2~3厘米。千万不要给宝宝喂体积太小的食物，容易堵塞喉咙。烹煮前，应该先将海带洗净晒干盐分，乌贼干要先用热水浸泡。

被宝宝的唾液湿润后的乌贼干和煮海带会黏糊糊的，因此在喂给宝宝的时候，请给他穿上干净的衣服或者赤裸坐在

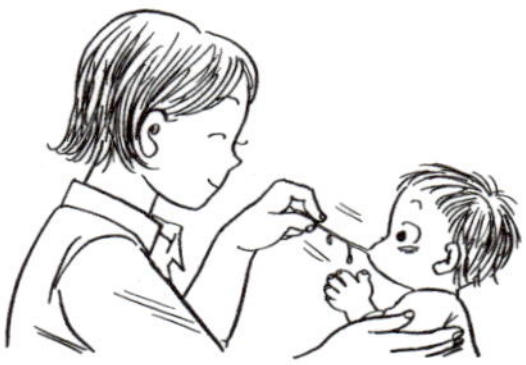

椅子上用手拿着吃。为防万一，请在床上也垫一些东西。

乌贼干和海带越吮吸会越有味道，在吮吸的过程中也会变形或者变软，但是也许是滑滑的触感太好了，宝宝并不会太在意形状和质感的变化。

有时，乌贼干和海带会顺势滑入宝宝的喉咙，让宝宝“嘎嘎”地发出奇怪的叫声，这时候请不要慌乱。只要抓住长长的海带或者乌贼干的一端，缓慢轻柔地从宝宝的喉咙里拉出来就好了，宝宝会马上恢复精神继续吮吸起来。即使他当时可能哭着不再吮吸，但是第二天就会像没事人一样忘得一干二净的。

但是，万万不可粗心大意，还是必须要陪伴在宝宝的身边。

只要体验过几次乌贼干或海带滑进喉咙的经历，宝宝就会记住：这些是不能吸进去的，也会明白如果真的滑进喉咙，只要再拉出来就好了。

当宝宝上下牙齿长齐后，就可以与乌贼干和煮海带说再见了。

对于感兴趣的游戏，宝宝能持续 20 分钟甚至 30 分钟

5 玩得好、睡得香、哭声响亮的宝宝最健康

——女宝宝也应大声哭泣

如果宝宝能坐在椅子上保持 20 分钟左右不哭不闹，就可以认为他能独自玩耍 20 分钟了。

能够长时间坐着保持同一姿势，意味着身体已能习惯长时间保持一定动作了。因为宝宝如果可以在坐的动作中集中注意力，就可以判断在玩耍和吃饭这两方面同样能够集中注意力。

让他做平时喜欢的游戏，若坐的时间能达到 20 分钟，就请努力让其坚持 20 分钟以上；若能达到 30 分钟，就努力让其坚持 30 分钟以上。快要坐不住时，可以叫他一下，或者加入他的游戏中，1 分钟、2 分钟地延长他坐着的时间。这样逐渐延长游戏时间，宝宝独自玩耍的时间就变长，能逐渐学会想办法运用各种技巧来丰富自己的游戏。

请注意，切不可让宝宝眼神呆滞的时间过长。安静的宝宝会时常眼神呆滞。有的宝宝坐在婴儿车里，会无意识地、目不转睛地盯着某处发呆，眼神柔和却不像在思考着什么。

若宝宝睡醒时眼睛充满生气，静静地转个不停，这就

宝宝哭的方式能
反映其健康状态

说明他在睡眠期间身心都处于健康的状态，这样的宝宝很少大声哭闹。要么不哭，一哭就大哭的，都是养育得很好的婴儿。

在婴儿大脑发育过程中，不是“爱哭的宝宝易长大”，而是“哭声响亮的宝宝易长大”；不是“嗜睡的宝宝易长大”，而是“能安静入眠的宝宝易长大”。

我的次子在一个月大的时候一天要哭上好几回，但是后来慢慢就减少到一天一次、两天一次，大概过了半年时间，我都记不起他上一次哭是什么时候了。他偶尔哭一次，周围的人都会惊讶地凑过来问：“这究竟是怎么了？”因此，我也开始享受儿子的哭泣，并会对他开玩笑道：“想哭就哭吧，不然你都要忘记怎么哭了。”

对了，我儿子每次哭闹都停不下来。有时候让人感觉像是拼了命在哭泣，每一次我都搞不清楚原因。每当这时候，我都不会配合地去哄儿子，反而会想：哭过就好了，因为眼泪自己溢出来了所以就哭了……这是**泪腺的“大扫除”**。而且我认为宝宝拼命哭泣的时候反而是无法捣乱的安全时期，我会趁这个时间赶紧干活。因为这跟边哭边捣乱

女宝宝就应该温柔地哭泣——这种想法是错误的

的哭喊方式是不一样，所以这时视线稍微离开一下宝宝也没有问题。

甚至可以认为哭也是宝宝的工作，让宝宝拼命哭泣是很有必要的。当宝宝身体不适时，反而会哭得很脆弱。

女宝宝也可以无所顾忌地哭泣。虽然常说女宝宝都是温柔地哭泣，但是**精力可以集中的女宝宝都哭声响亮，这也有利于宝宝未来个性的培养和肺活量的增强，同时有助于女孩子将来和男孩子一样擅长运动，所以请不要认为女宝宝就应该温柔地哭泣**。

6 不仅音乐需要节奏感——让宝宝全面使用“五感”

要锻炼宝宝对外界的感知能力，是不能靠单独刺激某一感觉来完成的。请让宝宝**全面使用“五感”**来记住对外界的感知。

特别是**在培养听觉方面，身体的摆动也是非常重要的刺激因素**。请把听觉培养当成**节奏感培养**。

背着宝宝散步时，不妨配合步调给宝宝唱歌

背着宝宝散步时，他会对周围已经熟悉的景色产生厌倦，走夜路时，我经常配合步调唱歌。**我通常也只是唱一小节，“砰砰砰，白鸽，砰砰砰♪”[①]。走得快就唱得轻快，步调慢了就把音符唱得更加跳跃。歌曲的强弱配合蹦蹦跳跳的步伐，由步调的快慢来决定哼唱的速度，就这样连续重复唱着单纯的一小节**。我一般不会唱其他小节或者其他歌，即便如此，宝宝也会因为多变的节奏而兴奋雀跃。

在道路上，连续唱上五分钟左右，所唱的“砰，砰，砰（peng，peng，peng）”就已经清晰地记忆在宝宝的脑海中了。回到家播放整首歌曲，宝宝肯定会有所反应。

此外，本来只能说“uma，uma”“papa”的宝宝，在第二天就会把“peng，peng，peng”加进自己的曲目中了。即使有的宝宝还不能准确说出来，但是也能跟着歌声摆动自己的身体。

我去朋友家玩的时候，遇到过一个已经能坐得很好，

① 为日本的童谣《鸠》（鸽子）中的一小节。——译者注

快要学会应答别人的男宝宝。

我的衣服上有三粒大纽扣，那个孩子对纽扣很感兴趣，爱不释手。每当孩子伸出手摸，我都会停止谈话，对孩子说“纽扣”。然后，就像催促着“纽扣”这个答案一样，孩子紧抓着其中一粒纽扣看着我的脸，我就回答说“纽扣”。这一互动不断重复，甚至我跟孩子的母亲的交谈也无法进行下去。给孩子不断重复回答了上百次，在这一过程中，那个孩子也开始模仿我，发出近似“纽扣”的声音了。

第二天我又穿着同样的衣服抱着他，当我拿起纽扣，那个孩子自然地说出了“纽扣”。

这样，原本只能说出“mama”[①] 这种表示吃饭和母亲的词汇的孩子，学会了与自己生活没有直接关系的单词。对于从未见过的大纽扣，宝宝可以通过看嘴型、听声音、自己发音来清晰地记忆并说出这个单词来。

但是，对婴儿来说，此时这个单词仅仅代表着我衣服上的纽扣，宝宝还不能完全理解纽扣的意思。因此，只要

---

① 在孩子的语言中，“mama”代表吃饭，也代表母亲。——译者注

② “boa”：无意义的发音，与日语中“纽扣”的发音相似。——译者注

看不到我的那件衣服，“纽扣”在那个孩子的语言系统里就会成为废词。

关于这粒纽扣的记忆是工作记忆（参见第 89 页），只要不使用就会很快忘记。

也就是说，**只教会婴儿发音是很简单的，但是如果不让婴儿智力全面发展的话，他是无法学会说话的。**

对声音、味觉的反应，对物体的触感，包括手的动作和眼球的转动等，如果不能同样地加以训练，宝宝是不能早日开口说话的。

★我们的大脑，各区域也是有分工的，不同区域所承担的职能也有所不同。控制说话的区域与控制走路的区域是不一样的，当某一区域在工作时，其他的区域不是被抑制了，只是没有被使用而已。因此，是可以让大脑的两个不同的区域同时工作的。

大脑发育良好，宝宝就会早日开口说话

7 把抱着哄着的孩子放到床上的五个诀窍——快速眼动睡眠的运用

有时候，婴儿会在被抱着或者背着的时候睡着。

睡着的婴儿会让妈妈感觉非常沉。宝宝身体的肌肉失去控制而自然下垂，会呈现出不自然的睡相。这时，妈妈都会想让宝宝更舒服地睡在床上。

保持怀抱或者背着的姿势宝宝会睡得很香，但是当试图把宝宝安静地放到床上时，宝宝就会“哇”地大哭起来，或者扭动身体，睁开眼睛，用哭声来宣示自己被吵醒了，然后，妈妈只好再次抱起宝宝。一来二去，宝宝已经完全清醒过来了。

这样的失败，我也在长子身上经历过好几回。有一天，我实在抱不动孩子了，就轻轻挥动宝宝的手，按了按宝宝的眼皮，心想“要真醒过来就认了”，把眼看就要醒来的儿子漫不经心地放到了床上，没想到他就这样继续安静地睡下去了，并且没有被惊醒。

从那天起，我就开始研究如何不弄醒宝宝。我的儿子、侄女、侄子，甚至是别人的孩子也都被我当成了试验的对象。当然，这是正面意义的试验对象（笑）。

终于，我找到了**绝对不会中途让孩子惊醒的几种方法**。

当宝宝的手脚轻轻挥动，眼皮轻轻跳动的时候，其实是宝宝正处于深度睡眠的状态

之后，我的丈夫久保田竞从学术的角度找到了证据，但那已经是次子长到十几岁的时候了。研究表明，**当宝宝的手部、脸部轻微抽动或者转动眼球看起来像翻白眼的时候，其实他是处于深度睡眠（即异相睡眠/快速眼动睡眠）的状态。**

请注意：

①安静地呼吸，规则地做着深呼吸。

②一动不动耷拉着的手脚。

③安详的睡容。

只要具备上述任意一点，宝宝一放到床上便会马上醒过来。

只要宝宝没有出现上述三种情况，都可以放心地将宝宝放在床上。这时，即使宝宝稍微有点醒，也会继续睡下去的。

要成功将睡着的宝宝放在床上，有以下五个诀窍：

①像蜷缩身体一样，轻轻弯曲宝宝的背部和手脚。

②把宝宝的手合起放到胸前，把腿和腰像揉成团似的放到腹部。

③先让宝宝弯曲的背部接触床，用枕头支撑起宝宝的头部，支撑宝宝上半身的手随之抽出并按压宝宝胸前的手。

④保持宝宝腿蜷缩的状态，抽出支撑宝宝下半身的手，安静快速地将毛毯、毛巾从腰部开始盖住宝宝的下半身，以保证不会因为离开妈妈的怀抱而体温下降。

⑤慢慢地转移开按压宝宝胸前的手的力量，给宝宝盖上被子。

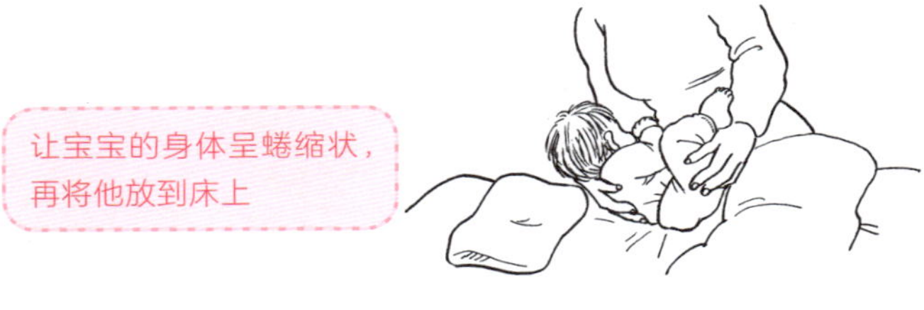

有时宝宝会大幅度挥动手脚，请不要惊慌，再一次轻轻按压宝宝的胸部，就像抱着的时候那样同样施加压力，然后慢慢地让宝宝离开自己的身体。这样，就能保证宝宝不会醒过来了。

不管宝宝的月龄有多小，只要睡眠姿势不舒服，他都会自行调整的。

请一定不要在宝宝看起来熟睡的时候将他放到床上。看起来睡得香甜的宝宝，其实才处于浅睡眠的状态。

当宝宝眼皮跳动、进入快速眼动睡眠状态时便成功了

请**在宝宝眼皮跳动的时候才开始行动**吧，肯定会成功的。

★快速眼动睡眠（参见第 4 页）时，如果不加以强烈的刺激，是不会醒过来的。此时，大脑是清醒的，但身体是睡眠的。

成人在此时会做梦，眼球会快速转动，手和眼皮也会抽动，呼吸的气息变得不规则。

快速眼动睡眠（REM Sleep）也被称为“异相睡眠”。“REM”就是形容眼球快速转动的英语缩略语。

快速眼动睡眠的现象于 1957 年被发现，而快速眼动睡眠被证实是深度睡眠则是在 1961 年。

8 宝宝哭泣时是妈妈干活儿的好机会——合理育儿

当婴儿有节奏地哇哇大哭的时候，无论哭声多大，妈妈都可以置之不理。

这一时期，如果婴儿有什么情况，妈妈已经大致可以通过哭声（疼痛、恐惧、受到惊吓等）读懂。

到第二阶段（颈部稳定期），婴儿哭泣时，应该首先消

宝宝是无法一边哭一边捣乱的

除令其哭泣的原因，但是到了**第三阶段（腰部稳定期），就应该根据情况有意识地放任宝宝哭泣**。

宝宝会因为自己稍有磕磕碰碰就哭泣，但是只要不是大伤痛，不必立即处理。

当然，尚未了解宝宝的哭泣习惯的，还是应该先弄清楚宝宝哭泣的原因。

一边注意宝宝哭泣的声调，一边干活吧。请先尽快做完要用到双手的家务，即使是会弄脏手的家务也能做。

宝宝在哭泣的时候是无法做其他事情的。

宝宝哭闹的时候，听起来更像是因为被自己的哭声挑衅了才哭泣一样。他拼命哭泣的时候，并不都是在表达对周围事物的厌恶。

每天在适当的刺激下进行各种活动，度过快乐时光的婴儿几乎不会哭闹。那样的婴儿是因为想哭了才哭。再说，无论怎么大声哭泣，宝宝的体力也不足以支撑他哭闹 15 分钟以上。因此，应该利用这个时间尽快做完 10 分钟左右能完成的家务。

当宝宝哭泣的时候，不需要一直看着他。只需要**分析**

在宝宝就要停止哭闹、开始抽泣时，温柔地呼唤他

宝宝哭声的腔调就可以了。当宝宝的声音开始沙哑，哭闹的节奏开始混乱的时候，就可以准备喝的东西等候宝宝停止哭闹了。

眼看着宝宝就要停止哭闹，开始抽泣时，可以用嘴唇轻轻地亲亲他的脸颊和嘴边，当宝宝对亲吻有反应时，再温柔地说：**“不要再哭了哦。”**

当宝宝完全停止哭泣，认真地看着妈妈的脸时，可以给他喝喜欢的饮料。如果宝宝又开始哭闹的话，请重新放下宝宝继续干家务活。

当宝宝明白“哭泣的时候妈妈不会陪伴，再哭闹下去吃苦的是自己”的时候，宝宝就不会再长时间持续哭闹了。

本来只是小哭小闹，妈妈哄前哄后的话，宝宝就会产生“一哭就会有人来安慰”的错觉，变得不再能忍受无聊、寂寞或不安，变得易哭易闹。但是，不要简单地认为宝宝哭累了就会睡觉，而放任其哭闹。

虽说宝宝才刚出生不久，但是如果在宝宝哭闹的时候采取了错误的应对方式，错过了合适的时间，就会失去解决问题的好时机。

9 有时即使宝宝哭闹也不能抱——记住各种哭闹的区别

当一直很开心地玩耍着的宝宝突然停止玩耍了，妈妈就要注意了，因为很难预测宝宝接下来会做什么事情。

当宝宝掌握了新的能力，便会流露出意想不到的表情或者做出意料之外的举动。因此，若想早日发现宝宝的进步，更好地开发宝宝的智力，就应该**越是宝宝一个人安安静静、心情大好的时候，越要陪伴在宝宝身边**。

当宝宝原因不明地大哭和在原因明了的情况下大哭时，妈妈反而可以放任宝宝哭泣。

妈妈们大概都会认为宝宝哭闹是对不喜欢的事物作出反应，一旦宝宝哭闹就会认为宝宝很可怜想要去哄逗，其实宝宝也会毫无原因地哭泣的。

我曾尝试观察那些持续 30 分钟甚至 40 分钟哭闹的宝宝，有时是宝宝中途有过休息，有时则是因为于心不忍的妈妈去哄逗、抚慰宝宝。

一旦婴儿得到抚慰，休息一会儿，恢复了体力，马上又会开始哭闹。这时，请放任宝宝哭闹吧。体力好的宝宝如果有中途休息的话，哭闹可以持续一个小时。

不能看到宝宝哭就觉得可怜

我朋友的孩子在刚刚能扶着东西摇摇晃晃站立的时候，有点发胖的倾向，喜欢让大人们抱着、背着，只要大人们的身体没有接触到自己的身体就会生气。

曾经有人问我："如何才能让宝宝改掉喜欢让人抱的坏习惯？"我回答说："你们就是因为被宝宝的哭声吓坏了，所以才改不掉的。要想改掉，请在早上就让妈妈或祖母外出，告诉她们，傍晚5点前不要回来，开始一个人照看孩子。"

这个孩子是"中场休息"的类型，虽然给人感觉哭了好几个小时，但是其实真正连续哭闹的时间连20分钟都不到。当宝宝哭声减弱，知道他想休息一下时，便抚摸一下他的皮肤，给他擦擦汗，用扇子给他扇扇凉后，继续让他哭泣吧。

虽然还是会温柔地呼唤宝宝的名字，但是只要宝宝不停止哭泣，就请保持沉默，也不用去抚慰，更换尿片也是当作事务性工作般尽快解决。

这个宝宝久久不肯停下来，哭久了也就累了，所以听到叫自己的名字也都回应了。渐渐地，哭声减弱了，最终停止了哭闹。那时，妈妈温柔地擦干他的汗水，给他喂饮料，还给他做了尿片体操（参见第64页），利用母婴之间C神经纤维产生的作用（参见第6页）抚慰他。

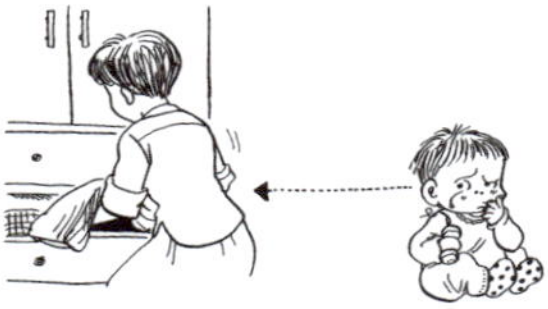

另外，如果为了让宝宝独自玩耍而不再抱他，宝宝会再次哭闹。当同样的事情重复发生时，宝宝就会逐渐明白无论怎么哭闹都不会得到回应，也就会停止哭闹了，在母亲返回的时候还非常高兴呢。

当宝宝明白再怎么哭闹也不会得到安慰，再怎么哭闹也不能得到想要的东西的时候，他就能摆脱任性哭闹的坏习惯了。

今后还会不断出现很多因宝宝的哭闹而惊慌的情况，但是妈妈们**首先要做的是要了解各种哭闹之间的差别**。这也是因为**宝宝拥有一个非常聪明的头脑，能非常直观地了解到妈妈的弱点和宽容**。

10 不让宝宝半夜哭闹的坏习惯持续3天以上
——不必太顾忌邻居

半夜哭闹、撒娇哭闹、爱被人抱着、有起床气等坏习惯如果持续一两天问题不大，当第三天仍然出现的话，就必须采取对策杜绝了。

要尽早改掉宝宝身上让妈妈苦恼的坏习惯。

宝宝了解妈妈的弱点和宽容

当妈妈想要教给宝宝什么的时候，即使不断重复同一刺激，宝宝也很难记住，但是宝宝对于自己的行动只要重复3次便能牢牢记住。所以，不能让不利于妈妈育儿、对宝宝也无益的行为成为宝宝的坏习惯。

如果认为宝宝半夜哭闹让人烦扰的话，当他哭闹时，不要慌乱，当天就放任宝宝自由哭闹。然后，仔细回想前一天宝宝的情况是否与平时有所不同。请细细回想宝宝饮食的东西、外出时的情形、午睡的时长、身体的状况（乳牙的生长情况、是否便秘等）等。

如果第二天宝宝还是哭闹的话，把他与前一天生活情况的相同点、不同点找出来，查找有无疑似原因，若有的话，从早上开始就把这个因素消除掉。

如果到了第三天宝宝还哭闹，便轮到妈妈睡眠不足，并由此导致精神不振，身体不适，不能再冷静地寻找原因了。

如果宝宝夜里哭闹，请不要慌乱，先找出原因

宝宝连续三天持续哭闹的话，妈妈应该把自己的思考的结论和宝宝的生活节奏告知医生，向医生咨询。

妈妈**应该耐心地引导宝宝，不能让宝宝养成令人困扰的坏习惯。因为在将来，宝宝要适应各种各样的环境**。

我们之所以会认为宝宝半夜哭闹令人困扰，是因为这会打乱妈妈的生活节奏，同时也会打扰到邻居的休息。

但是婴儿大概也会哭着抱怨说："我怎么知道会打扰到别人呢。"

也许世界上真的会有人对暴走族的噪声和醉汉的吵闹睁一只眼闭一只眼，却对宝宝半夜的哭闹频频抱怨。

妈妈们，请以与白天同样的心情，大大方方地对待这样的抱怨吧。

即使被抱怨，也无须太介怀。

因为宝宝半夜哭闹而引来邻居的抱怨时，也请不要太介意

并且，请努力让宝宝不要养成半夜哭闹的坏习惯。**不是因为要顾忌周围人的看法而勉强宝宝停止哭闹，而是应该让宝宝习惯成人世界的规则**。

以前居住在美国的时候，当时我的次子只有四个月大，突然有天夜里他就哭闹起来了。我抱着他、轻摇着他、给他喂牛奶等，都没有办法让他停止哭闹，反而哭得越来越大声。那一晚，他哭了将近一个小时。

第二天也是同一时间，他又以同样的方式哭闹了起来。

我住的公寓旁边的小房子里，住着一位老奶奶，是一位医生的遗孀，后来我们成了朋友。以前，长子会吵闹到天亮，邻居老奶奶曾经抱怨道："让孩子早点睡觉吧。"我感到非常抱歉，所以赶紧用蹩脚的英语向她道了歉。

那时候，她鼓励我："**宝宝哭闹再自然不过了，大人有忍耐的义务。**"还多次告诉我"Don't worry（别担心）"。

这个公寓是我们一到美国落脚便直接住下来的。当时长子才4岁，每天夜里11点便会哇里哇啦地大声吵闹，这位老奶奶对此很有怨言。当我知道了这位"多管闲事"的老奶奶的道理之后，真是感慨万千。

11 不使用背带，直接背宝宝，培养运动感

——找个帮手吧

虽然现在流行抱着，背着对宝宝来说也不是什么痛苦的事情，但是背带的绕法和打结方法不适合宝宝的话，也是会让宝宝感到不舒服的。

其实，不使用背带，让宝宝像猴子那样攀附在妈妈身上才是最理想的。但是人类宝宝的手部力量很弱，连妈妈的衣服也不能抓紧。

开始时，请妈妈弯下腰，把宝宝以近似于俯卧的姿势驮到背上。这样，宝宝的身体就能自然地贴在妈妈的背上。就像童谣里所唱的“**龟妈妈背上驮着龟宝宝**”。然后，把手放在宝宝靠近臀部的腰部位置，慢慢地伸直上半身。

当宝宝因为感觉不稳当要往下掉，而将身体紧紧地贴住妈妈的时候，背宝宝就成功了。使用背带时也不用系得过紧，因为从宝宝贴住妈妈的那一刻起就很稳当了。

引导宝宝更好地适应妈妈脊背的弯曲

如果宝宝的身体越来越蜷缩，逐渐离开妈妈脊背的话，就不能背着了。

这个时候，应该在宝宝的背上和臀部覆盖上同等大小的布，并将带子系在妈妈乳房的上部。

用日本传统的背带（不是漂白布）背宝宝的话，宝宝会逐渐缩成团，从背带中伸出头和手，形似悬梁状。

把宝宝背在背上，慢慢地走动，一点点地伸展背部并进行调整，一边留心观察宝宝的身体与自己背部的贴合情况，一边慢慢抬升背部的角度。**宝宝可能会以妈妈意想不到的动作跌落，要多加注意**。

如果妈妈担心一个人做不好的话，可以叫上爸爸或者其他人来帮忙。让他在宝宝的背后轻轻地支撑，以便宝宝滑落的时候能及时地抱住他。

要让宝宝记住如何才能更好地贴合妈妈弯曲的脊背。

此外，妈妈也要根据宝宝的体重调整背部的弯曲程度，要清楚地知道**自己最舒适的角度**。

妈妈们也请做好思想准备：当宝宝一天天逐渐长大，

直到背宝宝的时候不再需要背带了，**将会一直不能挺直身体和胸膛哦**。

对于缺乏经验的宝宝和母亲而言，背的姿势会是非常僵硬的，可能很快就会疲惫。所以不要背着宝宝去做事情，把背只当成一项运动来对待就行了。

背带只是用来解放妈妈双手的。尽量不要使用背带，直接背宝宝，**一起来培养宝宝的运动感吧**。

12 使用背带的多种效果——有效保护宝宝

为了让宝宝记住背的方法，背起宝宝的时候，宝宝和妈妈都要逐渐适应。当宝宝蜷缩自己的身体的时候，就可以系上背带走路了。

之所以鼓励背着宝宝，并不是因为背起宝宝，妈妈的手可以得到解放便于做家务。

我背着宝宝是因为这样可以保护宝宝远离危险，比如当玻璃碎碴散落在了地上，我需要把注意力从宝宝身上转移到清理工作上的时候。

此外，想让宝宝四处看看，比如晾晒衣物、打扫庭院以及外出等，陪伴着宝宝但空不出手来做事的时候，我都

妈妈背起宝宝，
保护他远离危险

当宝宝身体不适时，
也请背起他

会背起宝宝，这对宝宝是有好处的。

当宝宝体温升高，出现身体不适的时候，我也会背起宝宝。

若宝宝能保持熟睡状态的话则能很快好起来，但是如果宝宝久久不能入眠，那其实是宝宝自己会感到不安、很希望得到妈妈的保护。被妈妈背着的宝宝能觉得更安心，从而得到更好的休息。

宝宝出现腹泻时，因为被限制饮食，所以当看到别人吃饭会食欲增加，会感到更饿，继而哭泣，看着非常可怜。这种时候，就请背起宝宝吧，尽量不要让宝宝看到别人吃饭的样子。

此外，有的妈妈会站着吃饭，以为宝宝看不到自己。但是宝宝不一定会在这个时候睡着，而且饥饿的宝宝会比平时更加脆弱。

为了防止宝宝出现这种情况，应该提前让宝宝喜欢上被背着的感觉，必须让宝宝记住在妈妈的背上采取怎样的姿势才比较舒适。

背起宝宝，然后叫他，带他散步，或者哼着歌儿轻轻跳跃等，必须让宝宝喜欢上被背着的感觉。

我利用背起宝宝散步的时间来**培养宝宝的节奏感并教他说话**。当背宝宝变得轻松时，便会时常想背起他。

宝宝被背着的时候，很容易长时间就只对着妈妈的背部，只能把妈妈短得扎不上的头发当玩具，请尽量避免这样的情况。此外，在人群中背宝宝是很危险的，要多加小心！

在人多的地方背宝宝是很危险的！

⑬ 教宝宝说话时，必须加入固定用语
——通过反复刺激培养宝宝的判断力

今天早上，当宝宝醒来时，你对宝宝说了些什么？

是“早上好”吗？那么，昨天早上呢？

每天都在重复同样的早间问候吗？没有某一天不打招呼，另一天说“已经起来了吗？”再另一天说“真是个睡得踏实的好孩子”吗？

当宝宝自己发出似乎带有意义的声音时，其实是在试图吸引你注意些什么。

妈妈单方面与宝宝交流的时期，实际上是先让宝宝倾听各种声音，主要目的并不是让宝宝开口说话。

当宝宝开始适应各种大声以及噪声，能分辨各种声音的时候（第二阶段末期），就要开始**与宝宝进行有利于其开口说话的交流**了。

能用语言正确且清楚地表达自己的感情，更有利于宝宝的生活。相同年龄，能说“很痛”“哪里”“肚子”等会话进行交流的孩子，比只能说“不要，不要”而哭闹的孩子能更快解除痛苦。每一个宝宝都能很早就说出“不要”来拒绝，但是却很难说出具体的内容来表达自己的感情。

为了表达自己的情感，需要掌握更多的词汇，而且仅知道词汇也是不行的。

早上起来，妈妈要决定好开始时跟宝宝打招呼的话，并且要一直重复同样的话。请先决定好应该说的固定用语，再根据情况添加其他的话。比如，已经决定要跟宝宝说

问候“早上好”后，在后面加上“心情怎么样呀”

“早上好”了，可以将句式丰富成“**早上好，今天天气很好哦**”“**早上好，昨天睡得不错吧**”“**早上好，今天心情怎么样呀**”之类的形式。

另外，不要指着狗说“这是汪汪”或者“这叫波奇”之类的话。

如果听到狗吠叫，请模仿狗的叫声“汪汪”“嗷嗷”说给宝宝听。要告诉宝宝，狗并不是只会“汪汪”叫，它们也会“嗷嗷”叫。

模仿狗的叫声

请清晰、正确地将词语的发音说给宝宝听。

吃饭时，先向宝宝介绍“这是鸡蛋哦”，之后再喂给宝宝吃。介绍的时候不必说“这是荷包蛋哦”“这是炒鸡蛋哦”等具体的蛋的做法。宝宝会自动在头脑中对各种鸡蛋料理进行分类，自己会逐渐懂得“鸡蛋也有很多种做法哦，但是味道和颜色仍然是一样的”。

从这时起，就到了开始培养**宝宝自我判断力的“帮助育儿”**阶段了。当宝宝从各种各样的话语中听到固定用语，能很好地进行发音时，宝宝就能很快学会说话了。

我的两个儿子在度过了依靠模仿口型来说出单词的时期之后，每天都会说出新的话语，不到一岁时，他就能哭着说“没有鞋子”“give me more（再多给我一点）”的话，周围的人都责怪我是个严厉的妈妈，责怪我教孩子太多东西了。

但是，我从来没有刻意教过宝宝这样的话。

*** 当不断重复给予宝宝同一刺激时，宝宝的神经回路会更积极地工作。**

⑭ 规定出门和玩耍时的穿着——养成习惯的重要作用

当宝宝学会坐以后，散步时间也会变长，可以带宝宝到沙池等场所玩耍了。

这时，我会非常注意一些事情。即便夏天，我儿子也还是穿着薄薄的长袖上衣、长裤，戴着帽子。为此，夏天我会准备好立裆长的裤子，冬天就准备纯毛的手工编织的细筒裤。

对大人来说凉爽的风，却不利于宝宝的肌肤。当宝宝的肌肤暴露在外时，出的汗会因为风的作用而蒸发，但盐分依然残留在皮肤上，就容易出痱子。而且，露出肌肤也很容易遭蚊虫叮咬或者被划伤、抓伤。

此外，一旦宝宝**养成了外出时穿规定好的衣服的习惯**，一给他穿这样的衣服，他就会明白这意味着可以出门玩耍了。同时，宝宝也会记住外出时不穿这套衣服，就意味着不能在外玩耍了。

要清楚划分出门办事和出门玩耍的衣服

如果妈妈们带宝宝出门是去办事，那就**不要把这当成是宝宝在外玩耍了一天**。因为对于宝宝来说，这并不是外出的玩耍。

我出门办事回来，只要宝宝尚未入睡，都会让宝宝换上外出服，到外面玩耍。但是有时候宝宝感到口渴，对玩耍没有很大兴致了，就回来了。

总之，外出办事后的玩耍时间要比平时短。这样，宝宝认为的外出玩耍也有了一个很好的结束。

若要给予宝宝刺激，让他养成各种各样的习惯，妈妈需要付出很多努力，将宝宝一天的生活先规划好，并完成这一天的目标。

随着宝宝的成长，妈妈为宝宝所花费的时间会逐渐减少。当**宝宝升入小学时，如果妈妈能只对他的衣、食、住进行最低限度监督就够了，就证明宝宝已经被养育得很好了**。

第四阶段

抓扶站立期

——约五个半月至八个月——

让宝宝早日学会爬行

●让宝宝早日学会爬行——学习停止动作

第四阶段（抓扶站立期，约五个半月至八个月）的宝宝还不能随意移动自己的身体。

但这一时期的宝宝可以将身边的东西“鼓捣”到自己身边。这是因为他们能发现，并且可以用手够到这些物体。

这一时期的宝宝经常活动自己的手脚，他们学会了从俯卧到仰卧，又从仰卧到俯卧，如此反复交替，会通过变换姿势来移动自己的身体了。

这个时期的目标是，**早日让宝宝学会爬来爬去，利用四肢移动自己的身体**。

宝宝移动自己身体的目的是用自己的手去触摸远处的东西，以此来满足自己好奇心，所以必须要加强他的手部力量。

实际上，即使没有妈妈的帮助，这一时期的宝宝在自己用力翻身的过程中，也能学会爬行，在地上爬来爬去。但仅仅这样并不能充分活动他们的大脑。所以，为了让宝宝早日学会爬行，妈妈应该帮助宝宝学习翻身。

当宝宝学会自己爬行之后，危险因素就会增加。因此，这时候，宝宝必须学会两件事情：一件是**当妈妈说“不”的时候停止动作**；另一件是**自己主动停止动作**。

当宝宝想做让妈妈为难的事的时候，妈妈要大声地说“不”，让宝宝停止一切动作。如果宝宝停止，就要表扬，利用 C 纤维爱抚系统（参见第 6 页）来抚慰宝宝的情绪。

通过这些，让宝宝**学习理解表示禁止的命令的话**吧。

如前所述，所有运动和行为都来自前额叶皮层的活动。**对运动和行为发出停止命令也源自前额叶皮层的活动。**

在第四阶段（抓扶站立期），宝宝必须学会一件事，就是通过看和听学习**将动作停止**。

这是**教育和训练**，对宝宝来说，则是**学习和练习**。

●认生——母子间亲情及超越常理关系的形成

在这一时期初期，宝宝大都心情很好，但渐渐地，他们能分辨出不同的人，开始**“认生”**。

宝宝会区分出对方是不是平时疼爱自己的人，如果是的话，宝宝会开心地微笑；面对不疼爱自己或不认识的人，则会收起微笑，表现出不愉快。

这种行为，是宝宝对养育自己的人所表现出来的固有行为，是**建立母子间纽带的重要行动**，所以应该让宝宝早点学会。

面对时刻守护自己的妈妈，宝宝会变得特别黏人，对妈妈笑得更多。

妈妈对宝宝也会萌生“我的宝宝最可爱”这种特殊的感情，但这一时期宝宝进入了开始认生的阶段。

在确立了这种母子关系之后，双方的感情就会更加坚固，并且会持续一生，而不会被遗忘。在战场上濒临死亡的年轻人在断气前还会叫“妈妈”，就是因为**父母与孩子间的关系是超越常理的关系**。

这种关系的建立对宝宝开口说话有着举足轻重的作用。因为宝宝是从区别不同的人开始，逐渐开始用语言来理解事情的。

●摆弄小物件玩耍的时期——强化手部动作

尚不能自由行动的宝宝能做的事情，就是用眼睛看，用耳朵听。他们会用手去拿所看见的东西，通过触摸来理解这些东西的性质。

这一动作在第三阶段（腰部稳定期）就已经开始了，

但此时，宝宝能拿在手中的物件会比以前更小（约 0.5 厘米长的物品），因此宝宝对外界的理解会更为深刻、复杂。

宝宝学会了使用上臂，手部动作也变得更为准确。他们用手摆弄小物件，扔下、投出、换手拿，以此来体验握着这些物件的感觉，从而对其性质加深理解。

宝宝也会开始锻炼大肌肉的动作，如胳膊、腿的运动。

这一时期，**让宝宝认识到活动身体是一件舒服的事情，是培育喜欢积极锻炼身体的孩子的关键**。

所以，如果**宝宝活动了自己的胳膊、腿，妈妈就要多多表扬**，并且**反复引导宝宝活动自己的手脚**。宝宝被表扬之后就会心情愉悦，更加不断重复活动自己的手脚。实际上，妈妈的**表扬是一种报酬**，促使宝宝们重复新学会的运动模式，让他们乐在其中吧。

●智力——尝试用手帕盖住玩具

在这一时期，宝宝的智力还不足以动脑解决问题。

例如，给宝宝看玩具，然后在玩具上面盖一块手帕。我们会发现，宝宝透过手帕可以明白盖在下面的玩具的形状，就会把手帕挪开，拿下面的玩具。这是因为宝宝能够看得见。接下来，如果用两块手帕盖住玩具，让宝宝看不到玩具的形状，宝宝就不会去揭开手帕。

这是因为，对于这一时期的宝宝来说，**看不见的东西等于不存在**。

另外，当玩具的一部分被手帕盖住时，宝宝也会用手揭开手帕，去抓住玩具。要等到第五阶段（双足直立行走期），宝宝在头脑中已经形成了视觉印象，他才会在即使看不到曾经见过的物品时，也能明白那是什么。

但这一时期，工作记忆的发育还相当不完善。

●让宝宝感觉自己被疼爱——短期记忆的形成方法

在这一时期，**让宝宝感受到父母的疼爱也是十分重要的**。“不在，不在，啪——”等游戏，对于激发宝宝的期待、**有效促进短期记忆的形成**很有效。

这一时期的玩具，最好是能够握在手上、大概5~12厘米长的物件，镜子（虽然宝宝会逐渐对此失去兴趣）、用布等包裹或缝制的玩偶、球等各种大小不同的玩具都可以。另外，几个叠在一起的玩具（比如三个叠在一起的杯子）

或互相连在一起的积木也很不错。

在这一时期的后期，婴儿辅助座椅是必不可少的。

当妈妈有事的时候，就可以将宝宝放在身边的椅子上。这一时期的宝宝到处乱动，所以绝对不可以再像他刚出生不久时那样，把他放进纸箱里面。但是，长时间坐在椅子上也会令宝宝变得烦躁不安。

接下来将会介绍几种具体方案。

① 通过拉坐游戏增强力量——锻炼肌肉的持久力

婴儿在颈部肌肉还没有完全发育好，还不能进行翻身练习的阶段，只要稍微借助外力支撑一下，就能坐起来了。

那么，在这一时期，让宝宝坐起来之后，请一定让宝宝进行“**骨碌**”**一下倒向旁边的运动**。然后，观察宝宝自己活动小脚，自由地仰卧或者俯卧的样子。

想让宝宝仰卧时，请稍微往后推一下宝宝腰部，以促使他自己翻身。请让宝宝全身伸展一番后再抱起宝宝，或者让他尝试坐下。

当宝宝真正学会坐的动作，才能够坐着挺直背部。当脊背弯曲坐着时，身体就不会向后倒，而是自然地慢慢向前弯曲；背部稍稍挺直后，就会因为惯性顺势倒向后面，所以，**请在宝宝身后放上坐垫等物，以防止宝宝头部过猛地撞到地面**。

倒向旁边的话，既方便仰卧躺着，又方便俯卧趴着

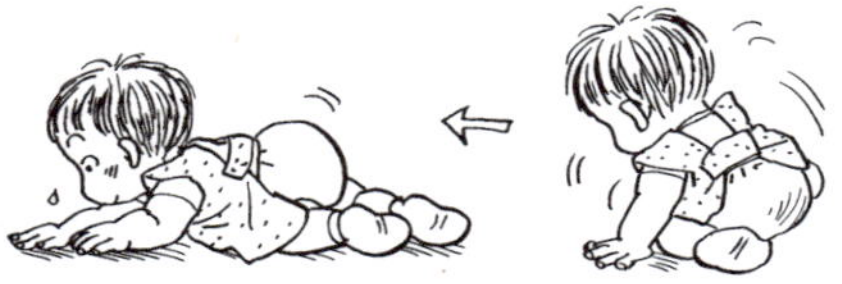

也因为如此，妈妈要教会宝宝**通过“骨碌”倒向侧面来改变姿势的方法**。比起往后倒下去，让宝宝侧面倒下当然冲击力更小。

此时，请通过尿片体操（参见第 62 页）渐渐锻炼宝宝的肌肉吧，妈妈可以用手抓住宝宝的小脚往宝宝嘴巴里送，或者让宝宝仰卧，用手腕、腹肌和背部肌肉等向后弯曲上身，向上弯曲小脚，就类似于跳伞的姿势那样。这样，宝宝就可以坐着上下左右活动头部。

这时，就可以稍稍分开宝宝的双腿，在中间放一个玩具，进行拉坐游戏。

首先，要让宝宝低头看到玩具。此时，妈妈要稍稍用力按压宝宝的后背，尽量让宝宝的背部不弯曲。让宝宝坐的时间开始时较短，之后逐渐延长；结束时，一定要让宝宝**保持这一姿势向侧面“骨碌”倒下去**；然后再推一下宝宝的后背，促使他自己伸展双脚。

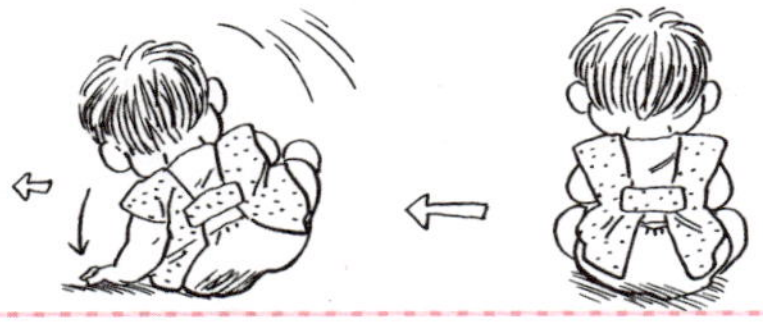

让宝宝练习坐累了就骨碌一下倒向旁边的动作

坐着的游戏结束后，最好让宝宝倒向旁边，身体呈反向弯曲

接下来，让宝宝仰卧，自己抓住小脚送到嘴边，将小脚丫放进嘴里自娱自乐。有时宝宝在坐着的时候也会试图把自己的脚趾往嘴边送。这种情况，妈妈必须阻止。

这并不是因为宝宝身体弯曲的姿势会让他不舒服，而是因为宝宝的视野本来就窄，宝宝越要抓到小脚丫，腰就会越弯曲。最好让宝宝在躺着的状态下玩自己的小脚丫。

拉坐游戏会经常让宝宝向前弯曲背部。游戏结束后，要让宝宝俯卧，用手按压其背部，促使宝宝挺起胸膛，身体后仰。

宝宝逐渐学会坐以后，即使上身还是会摇晃，如果能够舒展背部肌肉、活动胳膊、上半身稍微扭动的话，就可以了。慢慢地，宝宝就能够自己坐了，累了也会自己躺下。

*** 拉坐游戏的目的是增强宝宝坐着时所用到的肌肉的持久力。切记不要让宝宝太疲劳。**

2 来玩蹦跳游戏吧——锻炼宝宝的平衡感

若要双脚蹦蹦跳跳，就必须培养身体移动时的**平衡感**。

首先，妈妈要用手托住宝宝手臂的前部，即胳肢窝底下，把宝宝举起来，让宝宝的脚站在床上。

用手托住宝宝的胳肢窝，让宝宝像在蹦床上一样蹦蹦跳跳

宝宝可以面向着妈妈，也可以背对着妈妈，两者皆可。一般来说，开始时宝宝面对妈妈，稍微适应之后再换成背对妈妈比较好。但总之，妈妈将宝宝举到和身高差不多的高度之后，要让宝宝踮起脚尖，用脚尖站立的姿势，就像走路一样两脚交替上下起落。此时，妈妈要等宝宝的双脚都放在床上，然后将宝宝抱起来，让宝宝双脚一起轻轻蹦蹦跳跳，就像**宝宝自己在蹦床上跳跃一样**。

这时，妈妈一定要**用愉悦的口气**多对宝宝说“**哇——好高呀！好高呀**”“**跳起来啦！跳起来啦**”之类的话。请注意，如果不了解适合宝宝的程度，把宝宝举得太高，频率太快的话，会让宝宝身体抖动，就会引起他的不悦。

妈妈愉悦的口气会令宝宝感到安心，从而对于身体位置发生急速且大幅的变化所产生的感觉（主要是由迷路所产生的平衡感）变得不那么担心。

如果宝宝伴随着妈妈的声音大声叫起来，那就意味着他想让妈妈继续下去，没有对此感到害怕；如果不再出声、表情也没有什么变化的话，那就应该停止这一运动了。

接下来可以尝试妈妈仰卧，双手将宝宝高高举起，一边调节动作的速度一边将宝宝往自己的胸前放。慢慢加快速度之后，可以试着稍稍向上抛，这会让宝宝感到更开心。

这样做会让宝宝感觉到不是妈妈的脸在靠近自己，而是自己以一种很快的速度在靠近妈妈，帮助他从感知上分辨出两者的区别。

宝宝就会明白，物体快速靠近自己和自己主动靠近物体的区别。

用纱布盖住脸的“不在，不在，啪——”（参见第98页）游戏是让宝宝感知物体靠近自己，而上述游戏则是训练宝宝自己一边快速大幅度地运动一边观察其他物体。

本书中的所有游戏都兼带一种训练的功能。因此，在游戏结束时，要让宝宝仰卧或俯卧，按摩宝宝的双腿让其伸展，帮宝宝按摩身体，并进行C纤维放松操（参见第6页），然后，对宝宝说“**好，游戏结束。接下来你要自己玩了哟**”，并让其单独待一会儿。

如果跟宝宝说话、互动的时间是宝宝的“活动时间”的话，那宝宝也需要一些“安静时间”。

★玩游戏时，重要的是**让宝宝开心，不要勉强宝宝**。**平衡感敏锐的孩子对器械体操很拿手，不会轻易摔跤**。即使摔倒了也会很懂得采取尽量不让自己受伤的姿势来保护自己。

③ 让宝宝明白“不许动（停）”的意思
——禁止命令语的作用

对宝宝说“别动啦”的时候，
如果宝宝能够不动腿让妈妈换尿布的话，
妈妈就可以**增强“不动”的语气，**
让宝宝明白绝对不可以动。

对于宝宝来说，**“别碰，这很烫”“别去，这很危险”这种附带理由的禁止命令语是毫无意义的**。宝宝如果能按照自己的意愿来活动手脚的话，也能自己主动停止动作。

但是，宝宝很难做到服从命令停止动作。

无论如何，请妈妈严肃对待，**努力让宝宝学会服从命令停止动作**。学会服从命令这件事情存在个体差异，**请耐心对待**。

首先，宝宝很快就能明白“别动”的意思，所以请把含有强烈语气的“别动”当作保护宝宝远离危险的重要语言而使用。

用“不许动”“停”等含有强烈语气的话进行教导

绝对不要说“先别动，就这一会儿而已”这种含混不清、模棱两可的话，要对宝宝说“**别动**”“**不许动**”“**不行**”“**停**”等含有强烈语气的话，让宝宝记住，一旦听到这些话，不管有什么理由，都应该立刻停止动作。在宝宝学会自主判断之前，进行判断的速度要比妈妈慢，在此期间，妈妈要将这些话作为**绝对禁止的命令**来使用。

说了“别动”之后，妈妈不要马上消除危险因素，千万不能忽略向宝宝说明为什么这样做是危险的。如果宝宝从楼梯上往下看的话，那就要对宝宝说“你看，这里很危险哟，会掉下去哦”，然后抱起他假装要掉下去了，看见宝宝露出不开心的神情，就离开那个地方。

如果宝宝试图靠近熨斗，就说“不行”来阻止宝宝的行动。比起告诉宝宝“因为这里有熨斗”“因为这里有楼梯”等具体原因，妈妈**应该做的是训练宝宝听到“别动”就立即停止**。

在教导宝宝听到强烈语气的话而中断行动的过程中，妈妈要切记，**有些事情绝对不可以做**：

宝宝从楼梯往下看的话，就抱起他做出要掉下去的样子

即使熨斗不热，也不可以放在宝宝能够拿到的地方。昨天才刚被妈妈说“不许动”，今天就算手摸到了常温的熨斗，也没有被骂的话，就会让之前的管教都功亏一篑。宝宝会变得不服从妈妈其他的命令，并导致宝宝对妈妈产生不信任。

★ **禁止命令语“不许动”对阻止行动很有效**，让宝宝在这一时期好好记住吧。

4 为宝宝创造“自由乐园”吧

——创造安全的运动空间

学会爬之后，宝宝的生活内容就变得丰富起来，但让妈妈烦恼的是，必须目不转睛地盯着宝宝，以防发生危险。

在宝宝成长发育的过程中，这一容易发生危险的时期是不可避免的，妈妈只能尽量缩短，而不可能避开。

从这时就开始以严厉的语气告诉宝宝“不行”“不可以”吧。

宝宝总是会趁妈妈不注意，伺机做出让人意料不到的事。在此之前，宝宝对任何东西都感兴趣，虽然是第一次

见这些东西。慢慢地，宝宝的喜好就显露出来了。

当宝宝可以行动自如后，有些妈妈就会把宝宝放入婴儿围栏，或者背在背上，来限制宝宝的行动。**但是，这样做并不对**。

这个时期，宝宝的大脑已经开始思考如何获得自由。如果妈妈的教导让宝宝仅仅是想如何逃脱婴儿围栏的话，就会白白浪费了宝宝的思考能力。

这一时期是**让宝宝学会独立思考，并基于思考结果展开行动的时期**，也是**强化宝宝集中力的时期**。

应给宝宝提供宽敞的“自由乐园”。

首先，要准备一个宝宝可以独自玩耍的房间。房间无须特意准备，妈妈只要把能想到的危险物品拿走，放到从**地板开始至宝宝的身高加手臂长度（约1米）**的范围外的地方，还要确保宝宝无法触摸到插座，不在带有抽屉的柜子上面放东西。

请把地板上的东西收到壁柜或婴儿围栏里。如果壁柜太小，就请把里面的被子都拿出来。关紧壁柜门，防止宝宝打开。用布制胶带将家具的角包好，以免宝宝被碰伤。

把危险的东西放入壁柜里，取出被子等，给宝宝创造安全的活动空间

妈妈用心准备的这个房间，就是宝宝醒着时候的自由乐园。但是请做好思想准备，即使把能想到的所有危险物品拿走，仍然可能发生意想不到的事情。

在这一时期，请不要让宝宝碰柜子的把手、电视遥控器等东西。与其跟宝宝说“不可以”还是请尽量**想办法不要让宝宝拿到吧**。

因为宝宝还不能按照自己的想法自如地活动身体，所以没有必要让宝宝触摸和了解日常生活中的所有东西。相比之下，更重要的是**让宝宝学会灵巧地活动**。

例如，在宝宝想拿东西时，在距离想拿的东西很远时手指就会做出抓握的动作，就像在招呼这些东西到自己身边一样。如果宝宝还不能活动自己身体，就请妈妈把东西放到宝宝身边，让他伸手去拿，好好活动活动手指，这也是一种训练。

如果妈妈可以从旁协助的话，就请帮助宝宝一下，并确认宝宝拿的动作是否正确。

这一时期**不必刻意让宝宝掌握手和手指的动作，以免他去拿危险的东西**。

利用危险性小的物品让
宝宝学会正确使用手指

任何东西都会成为他们学习的教材，但要先**利用危险性小的东西教会他正确使用手指**。

在学会综合判断事物之后，那些可以正确使用手和手指的孩子，在“自由乐园”的行动就会得到飞跃性的扩展，失败的次数也会越来越少。

★请注意避免受伤、发生事故。

5 在游戏中培养宝宝的集中注意力和思考能力
——妈妈作为教育者的职责

妈妈在玩具卖场看到又漂亮又可爱的玩具，就算宝宝不在身边，也会有买的冲动。

但是，当妈妈想买能达到特定目的的玩具时，却总是找不到。而且，几乎没有可以用来训练宝宝活动的玩具。即使花费时间寻找，也不一定能如愿找到。

我去玩具卖场，发现所卖的玩具大部分不是为了让妈妈买来用，而是为了送人的，好几次都只能苦笑而归。

其实，日常生活中就有很多适合宝宝的玩具。比起买玩具，花点心思亲自动手制作更为轻松，也更适合宝宝。

锅、杯子等安全的日用品是最好的玩具

请妈妈一定要花心思动手尝试一下。

除了玩具之外，锅、杯子、勺子、空的小塑料瓶、有纽扣的衣服等生活中的物品也可以当作宝宝的玩具。不过，易破的物品、可以拆出零件的物品都是危险物品，绝对不可以让宝宝独自玩耍。

处于第四阶段（抓扶站立期）的宝宝很喜欢撕纸。

这一时期，不能把整本不需要的杂志给宝宝，应将杂志中间的订书钉拿掉、把中间页弄乱再拿给宝宝。把各种颜色的包装纸和广告单给宝宝，让他尽情玩耍吧。即使是不需要的书或杂志，如果宝宝开始撕那些有形状的东西，请把他手上的东西拿走，换成其他的纸，告诉他“玩这一张吧”。这样让宝宝慢慢**领悟到什么意味着得到妈妈许可**。

不能只说“不行”然后就拿走东西，强行中断宝宝的游戏。

让宝宝撕杂志时，首先取下中间的订书钉

可以给宝宝更有趣的玩具作为交换。有时可以拿出大张包装纸，将纸刺啦刺啦地撕破，哄宝宝说“看，这个更有趣哦”，然后再把宝宝手里的玩具换掉。**请强化宝宝玩撕纸游戏的意愿**。

如果注意到宝宝专注于某一游戏时，请仔细观察宝宝的行为。观察时注意**不要跟宝宝搭话，也不要进入宝宝的视线范围内**。

当宝宝开始表现出厌倦，想转移目光时，妈妈可以从玩过的游戏中选一个可以用在刚才游戏中的玩法，在旁边静静地玩儿，并让宝宝注意到。一旦宝宝开始模仿妈妈的玩法，就让他继续独自玩耍。

这样让宝宝持续进行同一游戏。观察宝宝玩积木游戏的时间是否比上一次更长，即使只长一分钟也好，以此来了解**宝宝能集中注意力的极限**。

如果宝宝能玩 30 分钟，那么，在这 30 分钟内尽量不要打扰他。如果中途宝宝的尿片脏了，宝宝自己想换的时候，请妈妈一定要迅速换好（可以省略尿片体操），让宝宝不受影响继续玩。当游戏被打断，就请消除影响因素，让宝宝平静下来继续游戏。请注意，在宝宝尚未完全厌倦之

了解宝宝可以集中注意力进行游戏的限度

前，尽量**不要让他停止这个游戏**。

让宝宝在游戏中培养集中注意力的能力时，为了延长宝宝的游戏时间，在运用简单的游戏的同时，应逐渐进行较为复杂的游戏。

这样就会逐渐建立**思考能力**。这种集中注意力和思考能力是不可能灌输给宝宝的，而是**通过不打扰宝宝难得的自习时间来培养的**。

在宝宝忘我玩耍时，最好不要随随便便叫宝宝的名字或轻声询问“你在做什么呀”之类的话，以免打扰到宝宝。

★ 宝宝持续集中注意力的时间越长越好。

6 从宝宝的兴趣可以看出将来的性格——性格萌芽

有一个宝宝曾经暂住在我家里，那时他已经会爬了，有一次他非常想要餐桌上的牙签。

因为牙签很小，我犹豫了一下要不要给他。但是，当我把牙签递给宝宝后，他开始戳榻榻米的边。我以为他要把牙签插在空隙处让它竖起来，但他只是拼命地戳而已。

宝宝专心致志地从榻榻米的缝隙中取出铜币

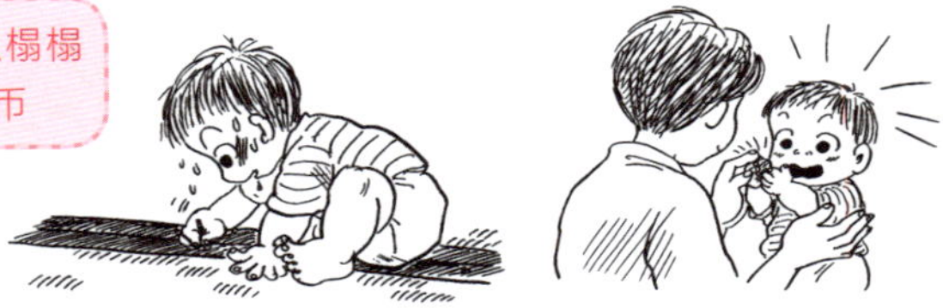

这个宝宝的妈妈是很爱干净的人，所以我想，宝宝是不是想要从榻榻米的边框里把垃圾戳出来呢。于是，我把铜质的 10 日元硬币和铝制的 1 日元硬币放进榻榻米的缝隙里，然后又拿出来给宝宝看。

宝宝当时的表情令我终生难忘。那是一副“得遂我愿”的表情，此后他就不厌其烦地热衷于玩这个游戏。不能顺利拿出铜币时就会着急，这时候我就会出手帮忙拿出来，然后又把那个铜币塞进去。

这名宝宝应该经常观察妈妈平时的行为吧，而且他觉得从榻榻米的边缘弄出垃圾来就像魔法一样吧。这个游戏持续了很久，这名宝宝的集中力真是令人惊讶。

了解宝宝所具有的集中力之长超乎意料后，就要让他进行需要集中注意力的游戏，并让他尽量持续较长时间。

像刚才的情况，在宝宝拿不到硬币或进展不顺利而开始焦急之前，稍微帮一下的话，宝宝又可以继续下去了。并且，宝宝会明白，虽然铝币可以拿出来，但是比铝币重的铜币则很难取出来。

宝宝不明白为什么难拿出来也没关系。**重要的是，让宝宝获得可以取出铝币的自信心，接下来的问题就是保持挑战取铜币的积极性和集中注意力的持续程度**。取出铜币难度很大，需要过一段时间再让宝宝挑战。

这种让孩子明白“**有志者事竟成**”的契机无处不在，不管是怎样成功的，都太棒了！如果孩子的这种意识开始萌芽，就再好不过了。

但是，我们无法预料宝宝会出现怎样的状态。通过观察宝宝热衷的游戏种类，我们可以大致地想象宝宝的将来，模糊地猜想这个宝宝可能在哪方面展现出优异的才能。

★注意发现宝宝**集中注意力的萌芽**吧，这也是宝宝**性格发育的萌芽**。

7 给宝宝创造学习行走的条件吧——帮忙的方法

常言道“宝宝开始爬了就盼望着他站起来，站起来了就盼望着他走路”，这大概就是父母希望自己的孩子发育得更好的心情吧。

但是，在宝宝开始走路之前，盲目地教他怎么走路，

宝宝会爬了之后，就要为他创造容易学站立的条件；学会站立后，就要帮助宝宝创造容易走路的条件

是不会有任何好效果的。如果想让宝宝早点儿学会走路的话，从出生后就要开始通过给予刺激让宝宝做出反应。要培养一个反应迅速的孩子，是需要花费时间的。

仅仅强化腿部肌肉力量是不行的。爬和走这两件事是无法割裂开来分开教会的。

要创造好条件，按部就班地帮助宝宝：学会爬之后就帮助宝宝站起来，学会站之后就帮助宝宝扶着东西走路，会扶着东西走后就帮助宝宝学习独自走路。

妈妈要创造条件，**让宝宝容易活动、便于记住动作。备齐学习的条件之后，妈妈要在帮助宝宝的方法上开动脑筋，必须具备仔细观察宝宝一举一动的能力**。给宝宝的外界刺激也要因宝宝的个性而定。

在宝宝双手双膝着地爬行之前，有很长一段时间会用膝盖来爬行，所以有些宝宝甚至会磨破好几条裤子的膝盖部；也有些宝宝用手肘拖着脚爬行，总也不站起来；还有些宝宝总是倒退，不会往前爬。

一般来说，在妈妈逐渐的引导下，宝宝会很快学会下

一个动作。如果宝宝只会用手肘爬行的话，即使妈妈从腋下抱起宝宝，扶着让他走，宝宝也不会更快学会走路。重要的是，要**让宝宝所拥有的一切功能都得到充分发育**。

几乎不爬就开始行走的宝宝、能够自己站起来走一两步的宝宝等较早学会走路的宝宝，在手脚着地爬行、抓着东西站立、独立站立、开始走路的过程中，动作所需的肌肉力量得到了强化，仅仅是有的环节时间长，有的环节时间短，某一动作的学习期间还兼顾着下一个动作的准备。

早早就学会手脚的动作、肌肉发育良好、掌握了力度和保持重心方法的宝宝，在爬行过程中，每天都会以令人震惊的速度掌握新的动作。

从这时开始，就要特别留意，妈妈要手把手地教宝宝正确的姿势以及更省力的活动方式。

如果妈妈拿筷子的姿势奇怪、换尿片的动作没有章法、做事粗枝大叶、频频出错的话，就无法正确地教导宝宝。这时，**能否在最初阶段掌握正确的身体动作，会导致之后的发育行为产生很大差别**。这是基础学习的阶段。行走的基础是从尿片体操（参见第 62 页）开始的。到了宝宝开始学走路时再教他正确的走路方式，效果是不会很好的。

★行走是人类行为的根本，人类从身体直立，两脚行走时才真正开始人类所特有的活动。

8 让宝宝四肢及地爬行的秘诀——培养腿部力量

双膝着地爬来爬去的时候，手臂的力量在发挥作用。

在宝宝学会自如后退爬行之后，将他的脚脖子稍微立起来，让脚掌着地。这时候宝宝由于屁股抬得高，身体开始摇摇晃晃，所以妈妈要扶住宝宝的腰往上提。这时，请**把宝宝的手打开摊平**。因为握着拳头的手不能“手脚着地爬行”。请妈妈自己也握紧拳头爬一爬试试。

手摊开之后，就会分散力量，从而增加稳定感。不知道怎么办才好的时候，妈妈就可以自己做同样动作试一试，自己觉得好的话，方法就是好的。

这样让宝宝手脚着地爬来爬去的话，宝宝就会身体慢慢向前倾，从而学会怎么稳住身体重心。

学会“膝盖着地爬行”后，让宝宝脚掌贴住地面，双手展开，扶住宝宝的腰部

妈妈稍稍加重宝宝身体一侧的重量，让宝宝另外一侧的手容易伸出来，往上提着宝宝腰的手负荷减轻之后，放松抱着宝宝的手，减轻手的力度。如果宝宝摇摇晃晃，动作变形的话，就再给宝宝一些支撑。

通过这些来锻炼宝宝的腿部力量。“膝盖着地爬行”主要用的是上肢力量，但宝宝若能学会脚尖、脚跟与膝盖相关联用力的话，很快就能进入抓扶爬行期。

会手脚着地爬行的宝宝，稍稍扶一下就能稳稳地站着。

妈妈可以让宝宝踩在自己脚面上，用手撑着宝宝的两腋，小幅度地走走，大幅度地走走，就像宝宝自己在走路一样。

弄清宝宝身体重心移动的情形，以最稳定的步伐——几乎不用扶着也能自己走路的步伐，和着速度和幅度的节奏，唱着歌在房间里转一圈。这样的运动一天一次就够了。

让宝宝站在妈妈的脚面上，一起走路

虽说学会做这些动作后宝宝很快就能抓扶站立，但也绝对不能疏忽大意。因为宝宝手能够到的范围扩大了，**请把一拽就倒的和容易掉落的物品拿走**。

电话线、电器的电源线之类的东西也经常酿成大祸，需要多多留意。衣柜的抽屉之类也是宝宝正好能抓得住的东西，由于衣柜上面很重，也会发生宝宝爬到衣柜下面的抽屉上，宝宝自身的体重导致衣柜倒下的情况，而且宝宝还会用手推拉抽屉或者把手塞进抽屉门的缝隙里。

为了让宝宝较长时间愉快地独自玩耍，同时学会别的动作，请妈妈**细心留意去除危险因素**。例如，在衣柜下方的抽屉里放入重物，重到连妈妈都要用力才能打开。

开始时会发生这样的事：宝宝即使能站起来，屁股也跟不上；突然放手摔个屁股蹲儿，顺着惯性向后倒，头重重地撞到玩具等。

妈妈可以坐在宝宝身后，教会宝宝把手从高处交替放下，呈爬行的姿势，然后以同样的方式，把手举高站起来。

9 帮宝宝抓扶站立、扶宝宝走路——保持平衡的方法

当妈妈帮助宝宝站起来、宝宝扶着物品行走、宝宝尝试自己站起来的时候，请妈妈仔细观察**宝宝的脚**。

宝宝抓着站起来后，把他的一只脚往后放，教他保持平衡的方法

一般来说，会出现脚离所抓的东西太近，或者依靠脚的外侧站立的情况，身体摇摇晃晃，一松手就向后倒。

只有手部力量强壮到可以支撑身体的宝宝才能长时间站立。这时，请妈妈将宝宝的任意一只脚往后放，教会宝宝**保持身体平衡的方法**。

开始时最好双脚并拢、上半身略弯曲。因为重心理应在后退的脚上，前脚抬起更易活动。

这一步，是宝宝学会独自站立，移动自己身体重心的一步。

如果宝宝自己挪动另外一只脚，大概又会摔个屁蹲儿吧。

但是，这时宝宝几乎不会朝后摔倒，所以妈妈可以先不去理会，宝宝会再次抓着旁边的东西站起来。接下来，请妈妈把宝宝的另一只脚放到后面。这样宝宝的脚的位置会逐渐稳定，而且宝宝会很快掌握这一点，然后就开始扶着东西走。

最初宝宝只会像螃蟹那样横着走，这是学走路必经的

过程。因为脚向左右伸展可以使身体保持稳定，不易摔倒。手的必要性逐渐降低，如果宝宝的手不是抓住东西而是微微扶着，或开始用单手扶的话，就需要一些游戏和工具来促进宝宝继续前行了，但我并不推荐助行器。

让我们动脑筋找找替代品吧。身体的横向移动可以通过扶着墙走掌握。

接下来就是前后移动了。首先，请找一样和宝宝肩膀差不多高、能提供支点，并且宽度能容纳宝宝单手展开的距离的东西，例如纸箱等。纸箱的话，要增加底部的重量，并且固定放在某个地方，以防止宝宝翻倒。

请试着把椅子和桌子倒过来，你会发现意料之外的事情：只需要把宝宝放进那里面就可以了。如果宝宝不愿意的话，再把他抱出来就行了，宝宝会自己动脑筋想游戏的办法，但如果宝宝不想进到里面的话，就说明那个工具不适合宝宝的身体。

不过，即使已经把宝宝放到里面了，**妈妈也不要立即离开，请待在宝宝旁边，一边干活一边照看**。用妈妈的手或工具帮助宝宝抓扶站立，扶着行走。

把椅子放倒，把宝宝放进去后，宝宝就会面向妈妈的方向推椅子

另外，可以找椅子之类比宝宝的腰部稍高处有支撑点的东西。

刚开始时宝宝会用手支撑，渐渐地，就能学会用腰部稍微支撑身体站立，一动就摇摇晃晃地用手支撑着身体。一直让椅子的靠背朝前，让宝宝看到妈妈或外面的话，宝宝就会不可思议地不让身体朝后，而是面向前方玩耍的情况越来越多。渐渐地，宝宝就能推着椅子的靠背前进。

因为靠背通常都有一点弧度，当宝宝会用这个弧度往左右或前后移动（等宝宝再大一些再教，因为很危险）后，就开始跟整把椅子一起到处移动了。

⑩ 在沙池里眼睛进了沙的话，马上停止游戏

——用眼泪冲出入眼的异物

当宝宝会自己坐了以后，就可以带他出去散步，在外面也可以让他坐着玩。

与宝宝只是被抱着看其他孩子玩游戏的时候不同，请让宝宝坐在沙子上、柏油

让宝宝在沙子上练习保持上身平衡

路上、泥土上、凹凸不平的石子上。

让宝宝在各种地方学会怎么保持上半身平衡。妈妈要时常留心宝宝会把头向后仰、向后翻倒的情况，要特别注意宝宝后面的东西和人。

如果宝宝开始爬来爬去，请把他放进沙池里面。

如果沙子进了眼睛，不要慌慌张张地去揉。首先要按住宝宝的双手，宝宝会因为双手被按住而不开心，一定会转动眼睛；接着，随着眼睛痛感的增加，宝宝会哇哇大哭；越是大哭流的眼泪就越多，沙子就会越快随泪流出来。

眼睛进了沙子开始哭的话，就按住宝宝的双手，让他继续哭

这时候，在沙池的游戏就要结束了。

宝宝喜欢玩沙子，但要让宝宝自己明白，如果眼睛里总是进沙子的话，玩沙子的游戏就得停止。

没有必要训斥宝宝“不要扔沙子”，因为沙子进入眼睛会痛，宝宝自己就会停止游戏了。

宝宝经历过一次疼痛就能明白道理是最好的，但也有些宝宝对疼痛不是太敏感，这时候就必须教导宝宝，如果沙子进入眼睛的话就要停止游戏。

另外，**重要的是让宝宝知道：当有异物进入眼睛的时候，用眼泪将异物冲出来是最好的方法**。

⑪ 养育能吃下讨厌的食物的宝宝——让宝宝慢慢吃

宝宝学会了用勺子和吸管喝东西后，就能有力而快速地吸东西，也能一口气喝下东西，不久就能吃流质食物（粥、日式杂菜粥，酸奶等）了。

这时请注意：

开始时，宝宝不尝味道就会把食物直接吞下去。这不是吃东西而是吞东西，是非常不好的饮食方式。渐渐地，宝宝就会用舌尖拨动食物，请不要在宝宝刚吃完一口的时候，就马上用勺子舀起下一口放进宝宝嘴巴里。不间断地往嘴巴里面塞东西的话，会让空腹的宝宝连味道还没尝出来就吞完了食物。

这种喂食方法虽然可以提高宝宝吃饭的速度，但**会减缓宝宝的味觉和咀嚼功能的发育速度**。

当宝宝嘴巴里还残留着食物时，请妈妈不要再把食物一点点地喂进宝宝的嘴里。

保持耐心，一口一口地喂食，让宝宝仔细品尝食物的味道

说“啊——”让宝宝张开嘴巴，确认嘴里没有食物了，宝宝已经完全吃进去之后再喂下一口。宝宝用舌头拨弄嘴巴里的食物时，是他正在研究杂菜粥里蔬菜有多硬、乌冬面有多长，**妈妈要耐心等待**。

有时候，还没怎么吃宝宝就会突然把蔬菜或者乌冬面吐出来，这绝对不是因为宝宝不喜欢这些食物而挑食等，仅仅是因为蔬菜太大或者乌冬面太长了，他嚼不动。

如果宝宝不喜欢吃的话怎么会马上从嘴里吐出来呢？应该是不想吞进去才对。请不要认为只是因为口感不好他才不吃，草率地给他换别的食物。

另外，不断给宝宝强塞容易下咽的东西，会导致宝宝连钟爱的食物也变得不喜欢了。这样的话，就会变得比挑食还要麻烦。无论怎么留意，宝宝总会形成自己对食物的偏好，因此妈妈都希望培养一个即便是自己不喜欢的食物也能吃下去的宝宝。

除了牛奶以外，在喂宝宝吃东西时**请做好思想准备：无论吃什么，想要摄取到足够的量，都会花些时间。所以绝对不要急躁**。

在断乳期的辅食中，牛奶就相当于所谓的速食食品。请妈妈想一下，总是给宝宝吃省事的速食食品，究竟是好是坏呢？**不花时间的话，就不能很好地育儿**。

⑫ 让宝宝挑战吃牛排吧——从吮吸饮食到咀嚼饮食

宝宝刚长出来的乳牙比较脆弱，就像生锈的刀一样。宝宝大口咬苹果、胡萝卜等食物时，如果不慎吞进喉咙深处，就会卡住喉咙。

这一时期，请不要用苹果、胡萝卜之类坚硬的东西代替奶嘴给宝宝磨牙。这个时期有很好的健齿食品，经常咬东西，下腭也会得到很好的发育，请一定试一下。

这就是**挑战吃牛排**。

首先，要买比较硬的牛大腿肉等，价格不必太贵。**大小至少为厚 2 厘米 × 宽 3 厘米 × 长 10 厘米。用大火煎到全熟**。用小火长时间煎熟的话，牛排会变得太软，所以要**用大火好好煎透**。

我在忙于准备晚餐时，经常给儿子们吃牛排。儿子们光着小屁股，目不转睛地盯着牛排，双手拿起牛排开始挑

把牛大腿肉切成至少厚2厘米×宽3厘米×长10厘米大小，用大火煎熟，放凉后让宝宝吃

战。我一边用眼角余光看着他们，一边准备需要花工夫的菜式。而且，这个时候宝宝正在拼命加油，没有必要跟他们讲话。如果牛排掉了捡不到的话，他们自然会出声叫我，只要帮他们捡起来就是了。

无论怎么咬都不变小，即使宝宝不喜欢，也会培养集中注意力

宝宝咬得多了，牛排的边缘会一点点被咬碎，就可以吃了。宝宝学会这种咬的方法后，这块已被咬得软塌塌的牛排就会眼看着越来越小。如果咬一两次就可以咬成能直接吞入喉咙的大小，宝宝就很好地学会了咀嚼，几乎不会发生塞住喉咙的事情了。

宝宝在挑战吃乌贼干、日式煮海带（参见第138页）和牛排的过程中，就能自然学会好好咀嚼食物了，在吞咽自己咬烂的食物时，也会先用舌尖判断合适的量。

当宝宝学会用舌尖把过大的食物碎块弄出去后，就可以给他吃苹果或者胡萝卜了。宝宝已经不会再把咬烂的东西吞进喉咙里。宝宝知道：**固体不是吸的，而是吞咽的**。

当宝宝能够明白吮吸和吞咽的区别，学会吮吸液体食物，学会咬碎并吞咽固体食物后，他们就可以**根据食物采用相应的吃法了**。

不过，与成人相比，婴儿还是会经常出现卡住喉咙的情况，因此妈妈不要太大意，在让宝宝吃新的食物时仍要特别注意。

★ 长时间不厌烦地持续做同一件事情的能力，即集中力，是因为宝宝有兴趣才可以养成的，让宝宝通过食物养成是最理想的。因为宝宝会一直持续吃，直到吃饱。

13 别让宝宝边吃边玩——培养真正的“一心二用者”

让宝宝坐好，面对面给宝宝喂食的时候，宝宝有时候会想拿妈妈手上的勺子或者把手放进食物里。

这是因为宝宝不能专注于“吃”这件事。大概这一时期曾经让宝宝手拿香蕉吃过吧。宝宝应该是想起那时候的动作，想在吃东西时尝试一下。

这就成了“边吃边玩”的理由。**除了安抚奶嘴以外，请**

妈妈不要让宝宝养成边吃边玩的习惯。因为嚼得慢而吃得慢和因为边吃边玩而吃得慢，是完全不同的。

让宝宝拿着香蕉吃的时候，宝宝把咬过的东西吐出来，就说明他已经不想吃了。用乌贼干和日式煮海带来代替安抚奶嘴让宝宝吮吸的时候，如果宝宝从嘴里吐出来，那就是因为他已经不想吃了。这时，请妈妈把食物拿走。

宝宝只是喜欢食物在嘴巴里的感觉，或者记住用手将食物压扁或压碎的快感，慢慢喜欢上这种感觉。如果妈妈把香蕉当作食物给宝宝，而他不想吃的话，那就拿走香蕉，擦干净宝宝的手即可。

在给宝宝喂食的过程中，即使宝宝想拿着勺子吃，也不能让他拿。若让宝宝学习使用勺子的话，就要从开始吃饭的时候就让他拿着勺子，教会宝宝正确地使用拇指和其余四根手指拿住勺子。

为宝宝准备方便用勺子舀的食物，将食物放在易舀到的容器里。妈妈要帮助宝宝拿着勺子的手舀东西吃，手把手教几次后，引导宝宝自己用勺子舀东西。

开始时，宝宝自己尝试两三次能把食物舀起就已经很不错了；如果尝试了超过两三次仍不能将食物舀起来的话，

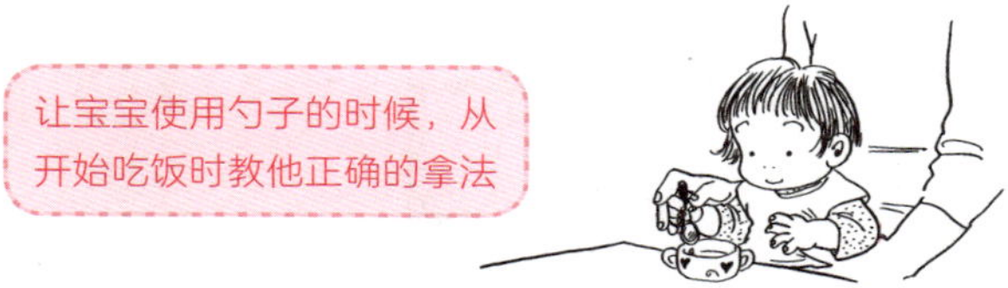

宝宝就算想自己吃也无法顺利进行，所以如果以自己的速度吃饭的话就无法填饱肚子。这时，妈妈要给宝宝喂食。

因为饿而有点烦躁的宝宝，应该会顺从地让妈妈给自己喂饭。通过这样的方式，慢慢延长宝宝独立吃饭的时间。

如果宝宝吃得比较慢，吃饭拖拖拉拉的话，妈妈可以暂时喂一下。之后如果宝宝还想自己吃的话，那就让宝宝自己吃完。如果宝宝不吃东西开始玩的话，那就是妈妈该把食物拿走的时候了。

通过这种方式，**不给宝宝任何“边吃边玩”的机会，让宝宝在吃东西时只集中于这一件事**。

宝宝独立吃饭的时间开始较短，之后可以逐渐延长。

如果妈妈喂食需要30分钟的话，让宝宝自己吃饭的时间可以缩短到三成左右（约10分钟）。如果宝宝厌烦了一个人吃饭，或者已经吃饱了，但是面前还有食物，充满好奇的宝宝一定会拿这些食物来玩耍的。

即使看着电视吃饭，也要让宝宝嘴巴持续咀嚼

虽然宝宝老老实实的，但让他面对食物吃一吃玩一玩的话，“吃饭慢吞吞”“掉饭”等情况就会长期持续下去，吃饭时间就会变得越来越长。

一边吃东西一边看电视的话，比起吃饭，宝宝的注意力更容易被电视所吸引，就会停止动筷子和咀嚼。结果就是，看电视拖长了宝宝的吃饭时间。宝宝即使嚼东西时看电视，也能在动筷子的时候盯着手边和手下吃东西的话，就说明他能够边吃饭边思考。

我并不是在鼓励边看电视边吃饭，而是**想要宝宝成为真正意义的“一心二用者”，也就是培养能够快速转换头脑，迅速把注意力集中于一件事情上的孩子。**

不能正确、迅速地做好一件事的宝宝，是无法同时处理两三件事的。

*** 只有能够集中精力在一件事上，才有可能同时做几件事。**

14 千方百计让宝宝吃讨厌的食物——在饭菜上花心思

挑食是无论怎样都避免不了的。

开始添加各种辅食时会遇到各种情况，比如，即使将食物放入宝宝口中，却总是不咽下去；第一次咽下去，第二次却吐出来；吃着吃着就不想吃了。这令妈妈倍感困扰。

虽然妈妈知道宝宝不喜欢吃什么，但要查明原因却很难。是“不喜欢材料本身”还是“煮的方法不对”呢？是因为“喂食速度太快令宝宝不喜欢”，还是因为“宝宝不太饿”，抑或是“已经吃饱了”呢？

为了能够准确地判断原因，请妈妈要多加尝试。如果是因为吃饱了而吐出来的话，能很快明白。但如果是因为讨厌做法或者材料的话，那就说明宝宝的味觉十分灵敏，**您可以为此感到开心啦**。

接下来就是尝试各种方法，让宝宝吃讨厌的食物了。**请不要强制或威胁宝宝勉强去吃，**要想尽一切办法达到目的。

有一个不太喜欢喝牛奶的女宝宝，肚子总是容易饿，还有些敏感。她的妈妈每周要外出两次，每次都会给孩子备好牛奶、布丁、果冻等点心，让我帮忙照看。

宝宝会不喜欢之前吃过的味道

宝宝从早上开始只喝了40毫升的牛奶，情绪非常不好，她对妈妈准备的点心丝毫不感兴趣，想要其他东西。这让我这个被托付的人觉得很为难。

我并没有说“已经是喂奶时间了，却一点都不想喝”，而是说“不想喝的话就不喝了吧”就把宝宝带回了我家。

宝宝在陌生环境的房间里静静地坐着独自玩耍。我把饭放进日式牛肉火锅的汁里煮得稀烂稀烂的。我本来是打算自己吃的，但是宝宝可能被香味所吸引，被勾起了食欲，也很想吃。

就算这个小女孩像小大人似的吃布丁、舔薄饼，但她毕竟还只是一个不会走路的小孩而已，所以我把做好的饭用热水烫了一下，冲淡味道后给宝宝吃了。

结果，**宝宝以前所未有的劲头嘎吱嘎吱地猛吃起来。为了叫她慢慢吃，我自己也急出了一身汗，成人用的碗，她居然吃了满满一碗**。

有一瞬间，她露出一种惊讶表情，好像在说：“世界上怎么会有这么好吃的东西！”吃的时候，她目不转睛、绷着脸，非常认真严肃地把饭吃完了。我虽然有些担心她会不会吃得太多出现什么问题，但她没有腹泻，第二天身体状态也很好。

作为点心，给宝宝吃重口味的食物的话，填饱肚子的正餐就容易被简单化：味道单一，量少，把牛奶、鸡蛋、乌冬面等材料简单地煮软。

如果妈妈动不动就让宝宝吃点心，也会影响喂奶。因为吃了点心，奶就喝得少了。所以，宝宝很快就会饿，想要吃东西，这时妈妈常会又让宝宝吃加工食品（比如布丁和果冻）。

这样，宝宝就会太过频繁地进食，也过早接受了加工食品味道的“洗礼”，甚至仅仅因为他肠胃好，连不符合月龄的食物都接受了。妈妈应该多花些心思在烹调方面，给宝宝吃多样化的辅食。

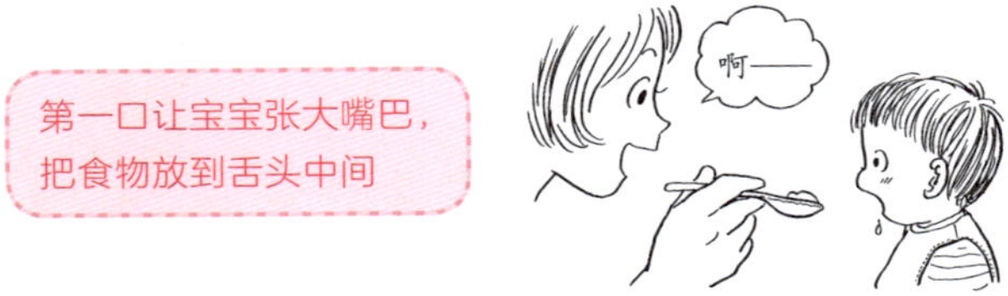

15 用舌尖感受味道——从舌尖开始品尝食物

给宝宝喝没有喝过的新饮品时，他常会露出疑惑的神情。

即使给他喝美味的果汁，他也会皱着眉头，一副很讨厌的样子。然而，当习惯了之后，在洗完澡后，也能“咕咚咕咚”地喝下大麦茶。

开始用勺子、筷子吃饭时，宝宝正处于一个味觉、嗅觉、视觉发达的时期，可以用一些让宝宝乖乖吃新食物的小诀窍。

首先，用新材料做的食物拿给宝宝的时候**不要太烫，最好低于体温**。妈妈先吃一口，边吃边说“好好吃哦，好好吃哦”。为了不让勺子在口中的触感糟糕，要先稍稍加温，然后把食物轻轻地放到宝宝的舌头中间。

其次，**妈妈一定要边说“啊——”边张大嘴诱导宝宝张嘴**。妈妈说“啊——”的话，宝宝也会张开嘴巴。

勺子里放上宝宝喜欢吃的东西，靠近舌尖，让宝宝自己张口来吃。一般来说，如果把食物放到舌头中间，宝宝会因为感觉不到味道，就不会用舌尖翻动食物、体会味道，

而直接咽下去。吃一两口之后，再渐渐地将勺子移到舌尖。

感觉味道的细胞在**舌尖**。因此，要让宝宝了解食物的味道，就要放到舌尖。

宝宝也可以好好闻一闻嘴边勺子里食物的香味。请不要因为平时吃得不错，就把食物放到嘴巴深处，虽然这样做宝宝不容易掉饭，妈妈的打扫会很轻松。

为了让宝宝能灵活使用嘴巴和舌头，即使宝宝将食物吃得到处都是，也请妈妈忍耐。请根据宝宝嘴巴动的情况，慢慢地、正确地把食物放到宝宝嘴巴里。虽然会很花时间，但这是宝宝开始吃固体食物之前必要的训练，是避免不了的。

如果没有时间，可以先给宝宝喝牛奶，有时间时再挑战喂食新的食物。

如果宝宝的身体没有习惯新食物的味道、香味、颜色、形状的话，有时会吐出来。在宝宝不喜欢的原因中，**妈妈往往会忽略“因为是首次接触的东西”这一要素**。

之前明明吃得好好的，突然不吃了的话，请考虑是不是料理方法变化了（如调味方式、切法等），或者有没有持续地喂饭。

如果喂食到一半，宝宝突然不吃了，请妈妈给宝宝喂一勺水或汤，说“啊——”引导宝宝张开嘴，仔细确认口中有没有残留着食物。牙龈后面、上颌的凹陷处或舌头下面等**不容易注意的地方有时会残留食物**，请一定好好确认。

如果是因为没有吃完的话，就请妈妈先等宝宝把食物咽下去，再喂一口同样的食物试试，还是不吃就算了。

虽说宝宝只吃了一点，不要因为疼爱担心孩子，就给他们别的喜欢的食物。

注：我们之所以能够分辨食物的味道，是因为我们的舌尖表面分布着感受味道的感觉器官（即味蕾）。舌尖感受到食物的时候，味蕾就会受到刺激，所以我们才能分辨味道。而舌头的中间大部分没有味蕾，所以完全无法识别味道，简直就是“味盲”部位。

16 跟宝宝一起午睡吧——疲劳的身体无法稳妥地育儿

为了能冷静地观察宝宝的动向，并快速采取恰当的措施，妈妈要调整好自己的身体状态。

然而，这一点很难做到。因为妈妈不可能只围着宝宝转，还要做家务。宝宝一定会在妈妈忙着准备晚餐的时候来捣乱。

这是因为晚饭前宝宝玩累了，肚子也饿了，到了需要

为了冷静地育儿，必须调整好身体状况

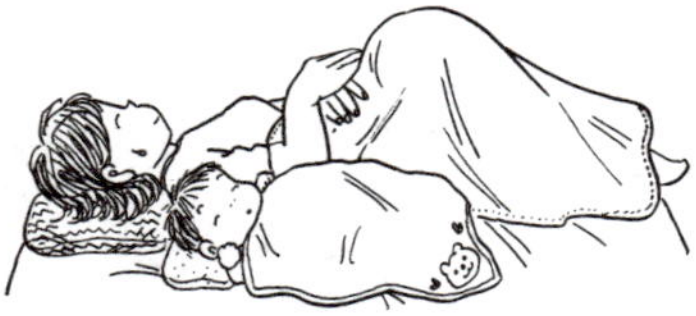

补充能量的时间。

培养宝宝白天活动、晚上睡觉的作息很重要。但前提是，**妈妈要将生活节奏比宝宝调快一小时**。如果能做到这点，就能**消除焦躁的情绪**。

因此，要陪宝宝一起睡午觉。

到了这一时期，有些宝宝的午睡时间从两次变为一次，妈妈要**选较长的一段时间作为自己的午睡时间**。

为避免睡眠不足，请跟宝宝一起躺下进入梦乡吧。

妈妈睡眠不足，就无法好好照顾宝宝，动作也会变得迟钝，做家务要花更多时间，连打破碗碟的概率也会增加呢。

购物时请背上您的宝宝一起去。走动时的节奏、美妙的歌声，还有漂亮的风景，都能令宝宝开心。买完东西回家之后安静地放下宝宝，他也会自己玩耍。

洗衣服的时候也请让宝宝在一旁看着。跟宝宝说说话，对着他甩一下手帕或毛巾，都是宝宝喜欢的。做家务时也能跟他快乐地互动的话，宝宝反而会想自己安静地玩耍。这时候，妈妈可以对宝宝说“宝贝自己玩一下吧”，让他一

妈妈身体好了，
宝宝也开心

个人玩一会儿。

请想办法合理安排家务。尝试缩短做家务的时间，改进做家务的方式。

随着宝宝午睡时间的减少，独自玩耍的时间会随之增加。这样，妈妈育儿的生活规律也逐渐形成。

有些事情无须做硬性规定。例如：洗衣服不一定要在早上，当天晚餐的材料不一定要在当天买，打扫清洁不一定要在规定的时间做。

在没有洗衣机的年代，我们晚上洗衣服，早上晒过太阳之后再收回来；在没有冰箱的年代，我们要先做好易保存的小菜。但现在不同，我们应该可以更加轻松地错开做各项家务的时间。

想办法合理安排家务，
关系到育儿的节奏

第五阶段

双足行走期

——开始走路以后——

会走路后，
智力开始真正发育

●学会走路以后，真正的智力开始萌芽——行走的重要性

学会走路后，必须让宝宝每天行走，以促进大脑发育。

以走路去公园为例，在脑前额叶产生走路的意志，而如何走到公园的这一过程，将作为“工作记忆”保存下来，大脑的运动区域发出“走”的命令，于是宝宝就开始行走。

这样一来，大脑深处的内嗅皮质中的网格细胞开始活跃起来，负责长期记忆的海马体开始工作。于是，宝宝的大脑开始发育，**记忆力突飞猛进**。正因为如此，**行走是很重要的。**

在我们行走的时候，体内帮助移动的导航系统（内嗅皮质海马记忆体系）就开始工作。

约翰·欧基夫（John O'Keefe）和莫泽夫妇——妻子迈布里特·莫泽（May-Britt Moser）、丈夫爱德华·莫泽（Edvard I. Mose），为明确这一导航系统的功能做出了贡献，他们因此而获得了2014年诺贝尔生理学或医学奖。

欧基夫于1971年发现了位置细胞，莫泽夫妇于2005年发现了网格细胞，从而阐明了**脑内定位系统**。

对于已经开始走路的宝宝，促进他们大脑发育最为简单有效的方法就是行走。当他们学会走路后，每天都应该尽量让他们多走。

接下来，就终于迎来了感觉运动性智力培养时期的最后阶段。

第五阶段（双足行走期，开始走路以后），宝宝的活动主要是抓扶站立、独立行走、跑步。因此，感觉运动性智力将会扩展到**三次元的立体世界**。

到这个阶段前，宝宝都是坐着对外界刺激做出反应，但是现在，他们可以在地板上移动，或者爬到更高的地方去感知外物并做出反应。

因为是自己决定目标，活动手脚，所以宝宝会更加积极主动地行动，他开始**自己去寻找达成目标的方法**。

这种智力不仅是感觉运动性智力，**真正意义的智力也开始萌芽**。

宝宝对外部世界的好奇心达到前所未有的强度。

以前由于宝宝还不会自己移动，只能远远看着的东西，现在可以自己靠近，用手拿起来抚摸，研究其功能。

在这一时期，宝宝对新东西表现出兴趣，并开始积极探索。

以前，除了已知的东西，宝宝只对与已知的物件有关联的稍新的物件才会表现出兴趣，而现在则完全不同。

对于新的物件，宝宝会观察、触摸、探索其功能，在不断失败和成功的过程中慢慢理解与自己的已知所不同的外部世界其他物件的性质。

●妈妈的思想准备——养育能与他人快乐相处的宝宝

当宝宝的行动扩展到立体世界时，妈妈应对宝宝行为的任务难度升级，重要性也愈发凸显。

至今为止的各项育儿行为，大体是随着宝宝大脑的发育，诱导其做出相对应的反应就可以了。由于妈妈诱导能力的不同，宝宝做出反应的快慢也有所不同，行动的发育存在个体差异。

这一时期，宝宝脑内会发生影响一生的不可逆的变化。宝宝必定会成长为下述类型中的一种：

①能与他人愉快相处的宝宝。

②难以与他人相处的宝宝。

③不理解与他人相处乐趣的宝宝。

本书的目标理所当然是要培养类型①的宝宝，妈妈虽然也是这样打算的，但是也有可能由于育儿的一些小偏差，最后把宝宝培养成了类型③的宝宝。

在理论上，类型③的宝宝变为类型①的宝宝是不可能的。这一点虽然尚未被科学研究所证实，但是当宝宝 2 岁以后，想要改变的话，难度会增大，且花费长时间最终也只能变为类型②的宝宝。

在这一时期的育儿过程中有好几处**陷阱。一旦失败，将很难逃离该陷阱。**

即便宝宝都是在家里或家附近活动的，其中还是潜伏着很多容易导致受伤的危险因素。例如，有棱角容易让宝宝受伤的桌子，有锋利刀刃容易让宝宝被割伤的刀具，使宝宝有跌落危险的水塘等等。

由于宝宝好奇心旺盛，哪里都想去，什么都想摸，什么都想“研究”一番。因此，为了预防意外，请注意不要让宝宝接触到任何危险物品，也请不要让宝宝进入危险场所（例如浴室等）。

在家里就让宝宝自由活动吧！但请不要让他单独外出。

这个时期的宝宝喜欢爬楼梯，但是又不能独自下楼梯，如果下楼时滚下去撞到头就麻烦大了。

让宝宝在妈妈看管下爬楼梯吧！如果无法保证充分监控，就请把楼梯视作“禁止进入区域”设置上栅栏吧！

宝宝想要进入禁止区域时，妈妈就要马上大声吼“不行”，即使这样宝宝还是想进去的话，就将他抱起来并大声说“不行”，同时打他的屁股。这样做是为了**通过疼痛来让他懂得什么是应该禁止的行为**。只是，过不了多久，宝宝就会忘记自己做的事，也不记得疼痛的来源。

不要让宝宝**把同样的行为重复三次以上**。请让他谨记“事不过三”，要谆谆教诲。

为使育儿过程更顺利，必须让宝宝理解“**妈妈是绝对的权威**”。宝宝进入了禁止区域后，如果妈妈的做法反复无常，有时并不责骂，有时只是说“不行”，有时打屁股的话，宝宝就会试着耍小聪明，趁妈妈不在的时候进入禁止区域。

妈妈必须不间断地照看能够自由行动的宝宝，并在他做了被禁止的事情时马上采取行动。这都需要足够的体力。

●数字与大脑——数字概念的教育

宝宝进入第五阶段（双足行走期）后，就可以教他数字的概念，教他认读阿拉伯数字（0，1……9）以及个位数加减法的心算。请按照下述“实践篇”所讲解的简便易行的方法进行实践吧。

数（number）是表示数字的，在数特定的物品时要用到单位（即量词）。例如：苹果是 1 个、2 个；汽车是 1 辆、2 辆；时间是 1 秒、2 秒。“**种类**（苹果）”“**数字**（1，2……）”“**量词单位**（个）”是数的三要素，即**数的概念**。

在宝宝面前放 3 辆玩具车，问“有多少辆车？”让宝宝回答“有 3 辆车”。

接下来，就把车全都收起来，再问他“有多少辆车？”这时，则很难让宝宝理解“有 0 辆车”并回答出来。但是，**掌握“0 的概念”，对于培养“数感”非常重要**。因此，请一定想办法让宝宝回答出来。

当宝宝会“4、3、2、1”地倒着说数字后，可以在洗完澡后先一起倒着数“4、3、2、1、0”，再从浴缸里出来。

重复几次后，宝宝就会自然地明白，时间一到“0”时，就要从浴缸里出来了，从而渐渐地掌握“0 的概念”。

宝宝掌握了“0……9”的概念后，就可进行加法练习。

1+1=2（一加一等于二）、1+2=3（一加二等于三）……通过看着数学算式读出来，并说出答案，让宝宝逐渐记住。

由于宝宝都是短时记忆的，很快就会忘记，所以要重复多次，直至他能正确回答。他回答正确，并能快速回答后，海马体就会把这一记忆保存在顶下小叶。

关于心算与大脑关系的研究表明，心算是用数字进行思考的，因此心算过程中是前额皮质在工作。2013 年有研究报告指出，儿童是把答案作为短时记忆保存在前额皮质，而成人却是通过海马体将之保存在顶下小叶。

成人的心算又快又准，而儿童则不仅又慢又容易出错，在计算过程中还会边数数边晃动身体（被称为“counting”）。

宝宝心算的答案并不是思考后的结果，而是记忆中的内容。

因此，反复朗读数学算式有助于强化记忆。

实际上，儿童的记忆力要高于成人。这是因为，儿童的快速眼动睡眠（参见第 4 页）时间长于成人。这一点在睡眠学说中已得到有力证明。让宝宝多次重复心算有助于轻松记忆答案。

在美国曾进行了一项试验，把二年级小学生中擅长算术与不擅长算术的孩子集中在一起，对他们进行心算的一对一教学。

一对一教学后，每个孩子的心算能力均得到了提高。进一步对孩子们的心算能力为什么会出现高低之分进行研究，发现他们的IQ（智力商数）以及前额皮质的活跃性并无差异，不同的是**试验前心算练习次数的差别**。

心算能力差的儿童，可能只是未进行过心算或心算练习次数逐渐减少了而已。只要教会他们答案，**谁都可以做到**。

宝宝如果掌握了0~9的加减法，就相当于拥有了小学一年级结束时的算术能力，但我们无法预料这些宝宝上小学后会发生什么。

学会加减法后，让宝宝对九九乘法表进行短时记忆的话，那么他就相当于拥有了小学二年级结束时的算术能力。

这是一个充分利用脑科学研究的成果来提高教育效率的例子。

进行心算记忆练习，不仅能够使儿童的算术能力获得提高，有助于他们取得优秀的学习成绩，还有利于他们处理人际关系能力的提高。因此，请务必让宝宝多练习心算。

接受久保田式育儿法至少一年以上的宝宝，在小学入学前获得小学生二年级结束时的算术能力不难。

在小学入学前教宝宝们心算吧！

① 宝宝难以立即停止和后退——高效利用双手

跌跌撞撞到处走动的宝宝，常会配合着身体重心的变化，飞一般地往前冲。

这样的宝宝因为已经学会了保持身体平衡，擅长活动身体。而且，他也非常了解跌倒的方式，所以他并不害怕跌倒。

但是，“身体先行”类型的宝宝还不知道害怕。所以，为了保护宝宝远离危险，必须教会他停止。

父母很喜欢让宝宝在爸爸妈妈之间反复往返走的游戏，走到快要摔倒的时候一把把宝宝抱起来。但是这样的游戏不宜经常进行，请多想一想让宝宝必须自己就能停下的游戏吧。

我的次子就是这种类型。因此，我经常对他说“宝宝，到这里来”，让他跟着我的话走过来；扔一个球在他面前，对他说“宝宝，帮妈妈把球拿过来”，这样，他必须在球的旁边停下脚步，捡起球。

另外，我会在自己前面放置两张垫子，对宝宝说“请过

来吧”，接着在宝宝快到垫子面前的时候，提醒他说“**停下来**”或者“**看，有垫子哦**”。

就算被绊倒了，因为有软软的垫子，宝宝也不会摔得很重。妈妈还要注意观察宝宝跌倒的方式，**是否手比身体更先碰到垫子**。如果不是的话，就需要加强训练。

此时，利用前述的“**别动**”**等禁止语让宝宝停止行动，听到“停下来”时能马上停止，对宝宝来说具有重要意义**。在还不能像成人一样预测危险的时期，能对言语做出反应并马上付诸行动的宝宝，大脑发育是非常优秀的。

对于这种聪明类型的宝宝，可以同时教他倒退走的动作。

让宝宝踩着妈妈的脚面，带着他向前向后走，手拉手跳舞，也能早早学会。

如果宝宝能尽早掌握好身体动作，熟悉跌倒方式，那么宝宝需要大人时刻关注的时间也会随之缩短。

对于即便跌倒也不能及时把手伸出来的宝宝，请把宝宝的腰提起来，让他的脸凑向地板，晃动他的身体。当宝宝比较接近地板的时候，再把他提起来，离开地板远一些。这个游戏在更早的阶段进行是比较理想的，即使宝宝不把手伸向地板也没关系，只需要静静等待，让宝宝自然而然地主动伸出手。这个游戏请每天进行 1~2 次。当宝宝伸出手想去碰地板的时候，就放低宝宝，让他的手接触到地板，然后来回举高放低，让宝宝的手反复接触到地板。

就算是跌倒时手会伸出来的宝宝，也请跟他一起玩这个游戏，这样有利于宝宝增强手部力量。

让宝宝练习，学会摔倒时伸出手

★ 教会宝宝**在跌倒时能利用反射原理巧妙地摔倒**。

② 即使未发生危险，一旦做了禁止事项就要批评

——让宝宝亲身感受禁止的绝对性

宝宝能够自由走动后，活动范围大大增加，危险也随之大幅增加，禁止事项也越来越多，甚至难以跟宝宝成长的速度相匹配。

但是，在宝宝准确无误地记住之前，**不能一次说两三个禁止事项**。要让宝宝一个个地记住。为确保宝宝远离危险，要一点点地扩大“自由园地”，慢慢放宽对其行动的限制。

对于绝对不能做的事情，首先要告诉宝宝“这个不能摸”“这里不能进去”。一旦禁止，就意味着**无论在任何情况下都不能做**。

对于禁止事项，不能因为没有出现危险就不批评宝宝。无论什么情况都不能允许，一旦发现宝宝在做允许之外的事情，要马上大声喝止“不要动”“快停下”，接着说“怎么会有这个东西，是妈妈不好”“这是很危险的哦”，让他停止。

有一天，邻居家的太太冲了进来。

原来，是她把安全剃刀放在认为宝宝够不到的梳妆台上，但是不知道宝宝怎么拿到了，把剃刀紧紧握在手里不肯放开。那时，宝宝正在看着滴滴答答流着血的手大哭。

宝宝大概是看到妈妈慌乱大叫的样子，自己也觉得害怕，导致手越来越僵硬，握得越来越紧，手指反而无法摊开了吧！如此一来，他越发不知道该怎么办了。宝宝这时候对痛感还是很迟钝的，因此只要拿点别的东西让宝宝的

不要在宝宝做了危险的事情之后批评或恐吓他

另一只手握着，再用力握紧宝宝的手，远离宝宝眼前，宝宝就会想用更灵活的那一只手去拿。

这一时期，有的宝宝已经显现出了哪一只手更为灵活。因此，宝宝虽然用灵活的手抓着剃刀，但是一旦对别的东西表现出兴趣，就会用这只手去确认，这样一来，剃刀就自然地从手里掉下去了。

从这件事得到的教训就是，发生危险的时候，为了不让宝宝受到更大的伤害，**妈妈一定要冷静**。

并且，**处理完毕后不要斥责宝宝**。

不要没完没了地念叨"那个东西是不可以碰的""为什么要碰它呢"之类"马后炮式"的指责，因为宝宝已经接受了足够的惩罚。如果是因为已经禁止的事项而产生的麻烦，宝宝就会理解妈妈禁止的理由。**绝对不要吓唬宝宝"再碰的话就会受伤"**。

因为无论什么东西都是可以安全使用的，宝宝会逐渐明白，使用刀具时不能握住刀刃一侧，热熨斗只能握住手柄……

违反三次禁止事项就打屁股

禁止事项不停地在发生变化，妈妈要考虑的是现在宝宝绝对不能做的事项并禁止，就算宝宝没有遇到危险，但是**违反的话就要批评，超过 3 次就要打屁股。**

3 即使动作迟钝，也不要伤害宝宝的自尊心
——对人格的尊重

宝宝刚学会走路的时候，什么事情都会迫切地想要去尝试，就算是在妈妈看来绝对不能做的事情，宝宝也想要去试试看。

但是，宝宝的反应是非常迟钝的，因此，请妈妈耐心地等待吧。

妈妈来做的话会更快，所以妈妈容易焦躁，但是请不要因为这样就出手帮忙，宝宝想做的事情就让他去做。

不过，在时间不充裕时，就不要让宝宝做了。像扣扣子、穿袜子这些事，在时间充裕时可以让宝宝自己做，但急着出门的话就不必坚持了。

回家后有时间的话，可以让宝宝自己脱袜子，洗完澡后自己穿衣服。总之，**请重视宝宝想自己动手做的心情**。妈妈不要因为焦虑不安，而不让宝宝做自己想做的事情，反而说一些“这么慢，会着凉感冒的”等跟宝宝自己想做的事情无关的话。

请耐心等待，直到宝宝难以完成开始焦躁，无法再继续下去时，可以对宝宝说“**今天进步很多了呢，下次再慢慢练习吧，这次让我帮你一点点吧**”，然后再出手帮忙，让宝宝觉得自己在做。

请妈妈在心中提醒自己“**自己来做当然会很快，但是，一般情况下不可以帮忙**”。

但是对扣扣子、穿袜子等掌握一点小要领就可以轻松完成的事，可以在宝宝开始焦躁之前给一点小提示，“看，这样做就会比较简单哦”，并做给宝宝看，再立刻还原，让宝宝更容易模仿着完成。

对于宝宝想做的事，即使慢吞吞，也请让他按照自己的想法去做

这时，**让宝宝使用与示范时相同的东西练习**是很重要的。请不要持有这样的想法：已经帮他扣上一粒扣子了，接下来让宝宝扣其他扣子就会比较快了；已经给他穿上一只袜子了，让宝宝穿另一只就行了。

请把扣上的扣子解开，把已经穿上的袜子脱掉，让宝宝来重复做示范时看到的动作。因为每个扣子的位置不同、袜子也分左右脚，所以动作也不尽相同。

对宝宝来说，这种细微的差别都是截然不同的。

复习时也要使用同样的东西。扣扣子时，到连大人做起来都有点难的地方，比如扣衣服最上面的扣子，就可以说“**这里有点难，妈妈来做吧**”“**等宝宝再长大一点，就会做了，现在不做也可以哦**”，这样，宝宝就能直接从困境里“撤退”啦。

有时候，宝宝即便产生了焦躁的情绪，还是要向困难挑战，那是因为这是宝宝自己想做的事。这时，妈妈可以给宝宝足够的时间来让他充分理解。

当宝宝无法做到时，就会发脾气、扔东西、哭等。宝宝结束动作的方式各不相同。此时，请妈妈不要责备宝宝，说“所以才说让妈妈来做啊”“不可能完成的，你还这么小”“看吧，身体都凉了”之类的话。不要把宝宝难得的

"干劲"当成是能力不足时的逞强。

请不要伤害宝宝的自尊心。

请温柔地对宝宝说"看，这样就可以做到了哦""这里确实有点难度""下次再尝试一下吧"之类的话，再认真仔细地向宝宝展示做法步骤。

扣扣子等事情，我是站在宝宝后面做的。

补充一点，**无论要教宝宝什么，都要跟宝宝的方向保持一致**。因为面对面地教宝宝的话，在宝宝看来是不同的。

*** 即使婴儿，也有独立的人格。**

4 数学的启蒙从分辨相同和不同开始

——掌握 1 和 2 的区别

宝宝会模仿别人说话后，他说"哇——"时，妈妈也跟着模仿说"哇——"。宝宝说一次"哇——"，妈妈跟着

宝宝说“哇——哇——”的话，妈妈就“哇——哇——”地模仿

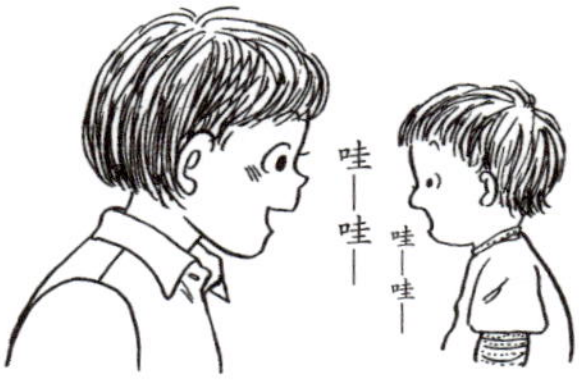

说一次“哇——”；宝宝说两次“哇——哇——”，妈妈也跟着说两次“哇——哇——”。像这样，妈妈说两次的话，宝宝也会跟着重复说两次。这样重复几次。

如此一来，宝宝就会逐渐明白“1”和“2”的区别。刚开始学会模仿的时候，只要理解“1”跟“2”不同，进而理解“1”和“2”跟“许多”是不同的就可以了。当妈妈说“哇哇哇哇哇”的时候，宝宝能够跟着重复就可以了。

在宝宝还不会说 1、2 的时候就开始数学启蒙了。

伸出一根手指，指着同一只眼睛，当宝宝也指着一只眼睛的时候，就问他“另一只眼睛呢？”，这样教导他同样的东西有“一个”和“另一个”。

这比宝宝会数 1、2 更为重要。因为宝宝掌握了**同样的东西有“一个”和“另一个”的数学概念（即数字和量词单位）。**

比起会数 1、2、3、4，**理解同样的东西有“一个”和“另一个”**更能促进宝宝智力的发育。

当宝宝能按照妈妈说的次数进行模仿后，即使不明白，

也请妈妈一边说“哇——哇”或“啪——啪”，一边左右手各伸出一根手指给宝宝看。

用同一根手指，一只眼睛一只眼睛地指着说“**眼睛，眼睛**”“**一只眼睛，一只眼睛**”。不用教“一共两只”，这对宝宝来说还为时尚早。

上下楼梯时、背着宝宝走路时，也可以有节奏地一边说着“1，2，1，2”一边走。同样的东西在有节奏地“1，2”反复多次的过程中，宝宝就会慢慢理解“1个和1个，1和2”之间好像有某种关系。

让宝宝双手拿一些糖果，说“1个”“1个”，然后跟宝宝说“请给我1个吧”，并从宝宝手里拿走1颗糖果。这样，**让宝宝的大脑进行分析、分类。**

穿衣服的时候也可以对宝宝说“**扣子有1个，2个，1个，2个，1个，有好多呀**”，给宝宝穿鞋的时候也可以说“这只脚上有一只鞋，这也是一只鞋”。

背着宝宝一边有节奏地说“1，2”“1，2”一边走路

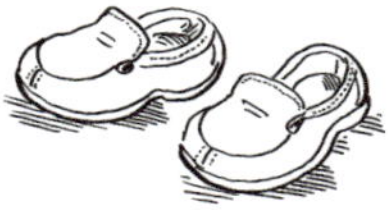

脱鞋的时候也对宝宝说“**两只鞋都脱下来了，棒棒的呢**”之类的话，在不同时间、不同地点教宝宝“2个”的概念，**注意绝对不要单纯地教数字**1、2、3、4。

妈妈不会指着小猫教宝宝说“小狗”，所以宝宝很快就会明白分类，所以不管是什么样子“小狗就是小狗”。

因此，关于数字也是同样道理。比起会说“数字”，要让宝宝**理解用数字所表达的事物的本质（即数字表达中所包含的量词单位）**。比如“两个苹果、两个橘子”，说到底还是不同种类的东西分别有两个。

★在宝宝还不会说话的时候就可以开始教他“1”和“2”的区别。

5 同样的教育仍会有个体差异——观察宝宝

宝宝会走路以后，希望把钟表、日历等**都使用阿拉伯数字**来显示。

数数的时候，只要数到1个2个、“2个＋量词”，剩下的就可以说“很多”“满满”等。可是，给宝宝看表的时候，可以说“哇，现在已经3点了，吃点心啦”，在外面看招牌时，可以把招牌的内容念出来“○○面包店、电话、○○ 58–

5263”，把数字像平假名[1]一样读出来就可以了。

正如宝宝把“面包店”的“面包”理解成可以吃的“面包”一样，会认为“○○ 58”中的“5”和“5263”中的“5”相同，而“3”则联想到与“3 点”中的“3”是同一个数字。

另外，把日历给宝宝看的话，宝宝有时会从中发现一些规律。因此，**请不要想当然地认为这个时期的宝宝还什么都不懂**。

我的长子小时候很喜欢看商店的招牌。

在我背着他给他念招牌上的文字时，他就已经注意到同样的字是同样的读音这一规律了，而这时他才**刚开始会走路**。

在澡堂的冲洗处有一个写着“（洗发水）”的牌子，宝宝指着那个牌子嘴里发出“ka、ka”的声音。刚开始我没有理解宝宝是什么意思，跟他解释说“那是洗头发要用的东西”，并没有放在心上。在回家的路上，像平时一样给宝宝读商店招牌上的大大的“炸猪排”时才顿悟了。（“洗发水”

① “平假名”是日语表音文字的一种。——译者注

长子发现了“かみあらい（洗发水）”的“か”和“とんかつ（炸猪排）”的“か”是相同的！

日语为“かみあらい”，第一个假名“か”的发音是“ka”；“炸猪排”日语为“とんかつ”，第三个假名也是“か”，发音和写法与“洗发水”第一个假名相同。——译者注）

像这样，我的长子自己在脑海里已经可以把同样形状的东西进行分类，并且知道它们发音相同了。

我并没有特别地教他，但他自己很早就开始记文字了。

次子在还需要背着的时候就很喜欢看日历。在日历面前，他会一直盯着看，特别安静乖巧。我跟宝宝解释，日历上跟自己差不多高的数字，和从下往上看到的数字看起来不同。但是没想到，“位置区位”就深深刻在这孩子的脑海里了。

而且，仅仅通过看日历，他就了解了数字是从0到9，并且有很多种组合。

次子不厌其烦地看日历

我开始教他关于数的概念后，通过看日历，他的数学感觉与日俱增。**在他3岁时就已经理解“无穷大”的概念了**。此前我一直不知道对他来说日历的魅力到底在哪里。

即使用同样的方式养育孩子，给他们相同的刺激，我家的两个孩子，由于开始阶段被不同因素所强烈吸引，表现出了巨大差异，培养出了文科型的长子与理科型的次子。

当然，在之后的育儿过程中，培养出不擅长的部分也能得心应手的万能选手型的孩子也是可能的。

★一点小事都有可能影响孩子将来的成长轨迹。**妈妈要具备细致的观察力，不放过任何细节**。

6 爱睡懒觉的妈妈也能培养出早起的孩子
——改变宝宝的生活方式

在育儿过程中，**制订一个规则严格的日程表，不随心所欲、不漫不经心地生活**尤为重要。

在宝宝开始晚上睡觉，白天活动，逐渐形成与成人社会相符的生活方式后，请妈妈们尽最大努力，每天尽量按照既定的时间表生活。

比如，我习惯于早上睡懒觉，无论怎么努力，在大清早时动作都很迟钝，也很煎熬。

因此，我都是跟儿子们一起睡懒觉，很晚才开始一天的日程。所以，一个儿子在 1 岁生日左右的时候，就变得跟早上睡懒觉的妈妈一样，也成为一个爱睡懒觉的宝宝了；而另一个早起型的儿子可能发现妈妈早上总是动作迟钝、做什么事情都做得不好，慢慢地也变得爱睡懒觉，并且不再睡午觉了。

因为早上睡久了一些，所以我睡眠充足心情很好，就算大儿子不爱睡午觉中午喜欢玩闹，导致白天的育儿工作非常辛苦，我也能保持良好的情绪。

所以，无论再怎么说是为了宝宝，妈妈也**没有必要改变自身的生理性体质所形成的作息习惯**。

妈妈也是自己父母的孩子。由于宝宝喜欢模仿妈妈的一切，所以如果看到妈妈“很快就会露出马脚的演技”，宝宝就会感到很困惑，并对母亲产生不信任感。

但是，如果有一些行为，无论如何都不希望宝宝跟着模仿的话，妈妈也可以尽力演好每一场戏，以此来教育好宝宝。

只要养成在必要的时候能够早起的能力就可以了

这是很有难度的。但是只要父母平时多注意，也可以培养出与父母的思维方式以及行为习惯不同的孩子。因此，妈妈平时的处事方式不同，完全有可能培育出比父母更优秀的孩子。

跟我自己的作息习惯不一样的长子，在一岁学会走路之前，早上都陪我睡懒觉。而且，因为大儿子没有起床气，所以早上起床后不吵也不闹，会在仍然睡着的妈妈身边安静地玩耍。

与此相反，跟我体质一样，有点低血压的次子，喜欢睡懒觉的程度更甚于我，有时甚至会睡到连午觉都不需要了，而且还有点起床气，起床后总是心情不太舒畅。

这样一来，由于日程表是根据我的作息情况制订的，宝宝也自然而然地成为了夜猫子，只有到了晚上才跟回到家的爸爸见面，玩耍、互动。

有的妈妈可能会担心这样时间久了以后，宝宝长大上幼儿园或小学的时候，不能早起。因此，要注意培养宝宝**适应环境的能力**，让宝宝能在需要早起的时候可以早起。

问题是宝宝有没有养成这种能力，如果能够配合妈妈

一起睡懒觉的话，那么一定也能靠自己的意志早起。

★偶尔改变自己的基本生活方式，可以提高宝宝的适应能力。例如，可以尝试偶尔早起、改变睡觉场所、更换床上用品等。

7 当妈妈想从育儿中解脱时——育儿即“育己”

从宝宝牙牙学语、抓扶站立开始，只要宝宝醒着，妈妈的视线就片刻也不能离开宝宝。

这一时期是宝宝成长过程中必经的，请妈妈做好心理准备，甚至你会觉得只有宝宝哭泣的时候才是安全的。

一刻也不能离开视线的阶段

这个时期，宝宝说起话来就特别吵闹；一动就必须跟着；安静下来的时候，又不知道宝宝会要什么；无意中批评了的话还会大哭。

就算温柔地责备，宝宝也不会听话，完全就是一个“烦人的时期”。

“开口说话就烦人”
“批评就大哭”，
令人烦恼不堪

这时，习惯育儿工作的妈妈一天心情的好坏也会不知不觉地表现出来。这时是最需要妈妈修身养性的时期。**是在养育孩子的同时锻炼自己的好时期**。所谓**育儿即“育己”**。

宝宝每天都会给妈妈带来考验。这一时期可以缩短，但无法避开。

宝宝很快就能学会活动身体，这是出于生存的本能。但是认为这个时期宝宝有逻辑推理能力就有点夸张了，因为他的大脑还没发育好，还难以思考事情之间的逻辑关系。

我的儿子们在我的训练下，长子十个月、次子七个月后就开始能走路了，而且话也说得很好，白天基本不需要穿尿布了。虽说发育这么快，像个小大人一样，可以让父母骄傲一下，但有段时期也常常说一些愚蠢的话。

但是，不到一个月这个时期就结束了。

因为在这之前的母子互动中，已经让宝宝**深深记住了：妈妈的命令是绝对的**。宝宝知道，听妈妈的话，妈妈就会心情愉悦，自己就会得到满足。

无论是什么样的妈妈，宝宝本来都是要依靠妈妈生存的，所以宝宝会本能地听妈妈的话。

至于为什么会不乖乖地听妈妈的话，则是因为宝宝也有不听话的萌芽生长时期。所以，想要宝宝一直听妈妈的话，需要很多条件。

首先，让宝宝知道，按照父母的话去做，会很开心。

听话的时候，会得到奖励。

被禁止的总是相同的事情。

父母说的话里有“请求”“禁止”等语气强弱之分。

希望宝宝做的事，要想办法引导，让他产生兴趣，进而主动自发地去做。

在养育宝宝的过程中，妈妈大脑的前额皮质也会变得强大。这是由于妈妈时常想着宝宝的事情，并为之付诸行动。

的确是“育儿脑”即“育己脑”。

虽然照顾宝宝是很不容易的，但是对宝宝来说，妈妈是世界上**最独一无二、不可替代的存在。**

再没有比育儿更富创造性、更了不起的工作了。

请享受这一工作吧！

当感到辛苦时，请多读读这本书。

我永远为你加油！